그림자 그리고

The DARK SIDE OF THE LIGHT CHASERS
Copyright © 1998 by Debbie Ford
All rights reserved including the right of reproduction in whole or in part in any form.
This edition published by arrangement with Riverhead books,
a member of Penguin Group (USA) Inc.

Korean translation copyright © 2010 by LIGHT PUBLISHING COMPANY
Korean translation rights arranged with Riverhead books,
a member of Penguin Group (USA) Inc. through EYA (Eric Yang Agency)
이 책의 한국어판 저작권은 「빛」에 있습니다.

그림자 그리고
빛을 쫓는 사람들의 어두운 면

저 자 _ 데비 포드
옮긴이 _ 신업공동체

빛

제작에 도움 주신 분 : 이순임
번역에 도움 주신 분 : 오인수, 조안박
윤문에 도움 주신 분 : 권태현, 남두열, 류금숙, 박형준, 서은희, 엄재록,
　　　　　　　　　　이순임, 이태영, 최동용

그림자 그리고 : 빛을 쫓는 사람들의 어두운 면
1판 1쇄 발행 _ 2010년 11월 30일
1판 2쇄 발행 _ 2013년 10월 15일
지은이 _ 데비 포드 Debbie Ford
옮긴이 _ 신업공동체
펴낸 곳 _ 빛
발행인 _ 흰빛 백지현
기획 및 본문 편집 _ 宙宇 박명기
주문 및 문의 전화 _ 0505-875-8080
주소 _ 경기도 파주시 와동동 가람마을 벽산한라아파트 110-1501, 1502
웹사이트 _ syn.or.kr | lightworker.kr
사용 글꼴 _ 윤바탕체, 나눔체, 옥션체, 다음체, 한겨레결체
가격 _ 10,000원
ISBN 978-89-960766-3-6

소개의 글

'그림자 작업'은 아주 오랫동안 우리 주위에 있어왔습니다. 이것이야말로 종교적 이끌림의 본질이며, 우리가 전통적으로 빛과 어둠 사이에서 균형을 추구했던 작업입니다. 루시퍼를 떠올려 보면, 그도 한때는 가장 빛나는 천사였지 않습니까? 그의 타락은 우리가 모두 겪는 유혹입니다. 그래서 우리는 이런 어두운 면에 영향을 받지 않도록 도덕적으로 깨어 있을 것을 끊임없이 요구받고 있습니다.

나는 최근 미네소타 강연에서 한 청중 덕분에 그림자 작업의 항구적 본질을 되새길 수 있었습니다. 그는 그림자에 관한 내 설명이 끝나자마자 곧바로 질문을 던졌습니다. "그게 바로 묵은 술을 새 병에 담기 아닌가요?"

나는 그의 이런 관계설정에 다소 놀라며 "네 그래요. 우리의 모든 종교적 전통에는 어두운 부분이 있었습니다. 하지만, 우리는 언제나 인류의 난제를 그 시대에 맞게 담을 새로운 그릇과 새로운 언어가 필요하지요. 그런 점에서 그림자 작업은 묵은 술이 맞습니다."라고 대답했습니다.

나는 그 사람 덕분에 지난 몇 년 동안 상담실에서 자신의 그림자와 직면하던 수많은 내담자를 떠올릴 수 있었습니다. 긍정적이든 부정적이든 그림자 현상을 시대에 따라 설명할 수 있는 새로운 방법이 필요합니다. 어둠(그림자)은 꼭 부정적인 것만을 의미하지 않으며, 의식에서 인식하지 못하는 어떤 부분을 가리킵니다. 상담 치료의 첫 단계에서는, 마치 가톨릭의 유서 깊은 고해성사와 비슷하여, 자신의 실패와 잘못된 행동에 관한 이야기, 또 딱한 사정에 처한 경위나 자신의 잠재력을 발휘할 수 없었던 이야기를 듣습니다. 그다음 나는 내담자에게 일어나고 있는 일들이 엄연한 현실임을 일깨우고 그것에 의미를 부여해서, 그들 자신이 부정하는 부분을 더 잘 인식할 수 있도록 도울 기회를 가집니다. 어쩌면 가장 큰 과오는 어두운 면을 소홀히 하는 것일지도 모릅니다.

나는 그날 강연에서 스위스의 심리학자 칼 융Carl Jung이 1937년에 '심리학과 종교'에서 언급했던 내용이 자연스럽게 떠올랐습니다. "종교 문제를 이해하기 위해 오늘날 우리에게 남아 있는 부분은 아마도 심리학적 접근일 것입니다. 그래서 나는 역사적으로 고착된 이런 사고방식을 다시 녹인 뒤, 이를 당면한 체험의 틀 속으로 부어넣으려고 노력하고 있는 것입니다."

그림자의 개념은 하나의 틀과 같습니다. 그것은 성격에서 자신의 것으로 인정하지 않는 면을 언어로 나타내고 실체를 부여하는 방식이며, 우리의 알지 못하는 부분을 파악하고 논할 수 있게 해 주는 하나의 수단입니다. 에고의 시각에서 볼 때 그림자는 끊임없이 변덕 부리고 바뀌는 우리의 부분들, 즉 완전히 자기 책임으로 인식하지 못하는 자신의 측면들을 가리킵니다. 개인으로서 또 특정 문화의 구성원으로서 우리는 계속 경험을 선택하고 편집하면서, 자신과 세계에 대한 에고적인 관념을 창조하고 있습니다. 우리가 빛을 추구하면 할수록 그림자는 더욱 짙어지는 법입니다.

우리는 이 그림자를 어두운 면, 분신, 미숙한 자아, 다른 나, 쌍둥이 자아, 암흑의 형제, 부인된 자아, 억눌린 자아, 이드id등 다양한 명칭으로 알고 있습니다. 그리고 우리는 악령과의 만남, 악마와 씨름(내가 그걸 하게 만든), 저승 여행, 영혼의 어두운 밤, 중년中年의 위기에 대해서도 말합니다.

그림자는 어릴 적 우리가 나온 거대한 통합 의식에서 "나"를 분리하면서 시작되고, 에고의 성장과 나란히 형성됩니다. 그러다가 성장하는 에고 관념ego-ideal(가족이나 소속 문화에 의해 개인적으로 강화되어 관념화된 자신의 감각)에 맞지 않은 부분이 그림자가 됩니다. 이에 관해서 시인이자 작가인 로버트 블라이Robert Bly는 그림자를 '우리 내면에 갖고 다니는 큰 가방'으로 표현하며 다음과 같이 말했습니다. "우리는 20세가 될 때까지는 그 가방에 자신의 어떤 부분을 넣을지 결정하면서 시간을 보내고, 나머지 삶은 그것들을 다시 꺼내려고 애쓰면서 보냅니다."

칼 융은 "당신은 완전해지고 싶은가, 아니면 선해지고 싶은가?"라고 물으면서, 그림자라는 용어를 만들어내고, 시대에 맞게 개념을 정립했습니다. 특히 그는 '그림자 통합 작업'에 특별한 관심을 기울여, 그 작업이 수련 과정처럼 심리적 삶에 입문하는 것이요, 자기실현을 위한 필수적인 인식임을 제시했습니다. 그는 "그림자 깨닫기는 대단히 실제적인 문제여서, 지적 활동으로 왜곡되어서는 안 된다. 그것에는 완전한 사람이 되게 하는 괴로움과 수난 그 이상의 의미가 있기 때문이다."라고 말했습니다.

이 책에서 데비 포드가 너무나 명쾌하게 설명하고 있듯이, '그림자 작업'은 자신의 의식적인 부분과 자기이거나 자기일지도 모르는 다른 부분 사이의 편견을 없애고 균형을 잡으며, 불화를 치유해나가는 과정을 말합니다. 그림자 통합은 불교의 '중도'中道처럼, 우리에게서 그림자의 방해와 파괴적인 가능성을 줄이는 통합된 인식을 부여하고, 수용할 수 없는 자기 자신의 모습을 은폐하라고 요구하는 핑계와 가식적인 태도에 사로잡힐 수 있는 꽉 막힌 에너지를 풀어줍니다. 이 작업은 개인을 넘어서 집단적 선善에 엄청난 영향을 미칠 수 있습니다. 우리 집에서 일어난 긴장이 팽팽해진다면, 그 영향은 지구 전체를 향해 퍼집니다.

우리는 그림자에 관한 이 책을 당연한 것으로 여겨서는 안 됩니다. 이것은 어렵게 습득한 선물이며, 신에게서 힘들게 구한, 가끔은 위대한 영웅적인 희생에서 얻은 귀중한 지혜의 보고입니다. 그래서 이 책은 우리의 마음을 위한 것일 뿐만 아니라, 우리의 가슴과 상상으로도 이해가 가장 잘되기도 합니다.

「그림자 그리고」 책은 새 병에 담긴 묵은 술입니다. 이 술은 만족할 만한 맛과 향을 유지하고 있습니다. 이 책은 이 시대에 적합한 '그림자 통합 과정'을 담고 있어서 동시대적입니다. 이 책을 통해 '데비 포드'의 조언을 받아들이며, 이 시점부터 자신만의 그림자 작업을 신성한 공물供物로 여기십시오. 사랑으로, 자비심으로, 가슴속의 임무로 여기십시오.

변화의 책인 '주역'周易은 우리에게 지혜를 상기시켜줍니다.

어떤 자기기만이나 환상도 없이
모든 것을 있는 그대로
바로 직면할 용기가 있을 때에야
비로소 빛이 성공으로 가는 길을
알아볼 수 있는 사건들을 드러낼 것이다.
☵ 주역周易 수천수水天需괘 ☰

예레미아 아브람스Jeremiah Abrams

머리말

어릴 적 나는 자신감이 없었습니다. 사실, 나란 존재를 진정 미워했던 적도 있었습니다. 어리석고, 친구도 못 사귀고, 모임마다 간절히 가입하려 했지만 뜻대로 되지 않고, 따돌림 당하는 소년이 세상에 나밖에 없을 것으로 생각했습니다.

청년이 된 후에도 마찬가지였습니다. 그러다가 나는 새로운 진로를 개척해야겠다는 생각이 들어서, 아무도 나를 알아보지 못하는 낯선 도시로 이사하기까지 했습니다. 열등감에 대한 보상 심리로 엄청 과시하려는 나의 어릴 적 성향을 아무도 모르는 곳으로 가서, 나의 '오두방정'을 누구도 눈치 채지 못하게 하고 싶었습니다. 즉 내 존재를 부각시켜서 남들이 발언권을 가질 틈을 주지 않을 정도로, 내가 너무 지나치게 나서는 습관이 있다는 것을 모르게 하면, 나의 부족한 사교성은 절대로 들키지 않을 것 같았습니다.

그런데 나는 이사가 그리 도움이 되지 못했다는 것을 깨달았습니다. 어디를 가든 나 자신은 변하지 않았습니다.

그러던 어느 날, 내가 일하던 회사의 사원 능력 개발 부서가 마련한 개인 성장 훈련코스에서 나 자신을 깨닫게 되었습니다. 그 훈련코스 진행자가 결코 잊지 못할 말을 했기 때문입니다.

"당신이 소위 단점이라 여기는 것들, 즉 자신이 좋아하지 않는 모든 부분이 당신의 엄청난 자산입니다. 단지 지나치게 증폭되어 있었을 뿐이죠. 볼륨이 너무 높게 맞춰져 있었습니다. 그게 전부입니다. 그러니 조금만 볼륨을 낮추시면, 당신은 자신의 약점을 장점으로, '부정성'을 '긍정성'으로 보게 되고, 그것들이 당신에게 부담이 아니라 오히려 도움으로 작동하는 훌륭한 도구가 될 것입니다. 당신은 매순간 적절하게 그런 개인적인 특성을 불러오는 법을 터득하면 됩니다. 당신의 놀라운 성질이 어느 정도 필요한지 잘 판단하여, 필요 이상으로 나타내지 마십시오."

청천벽력 같은 소식이었습니다. 전에는 이와 같은 말을 들어본 적이 없었습니다. 그럼에도 그 말이 진실임을 나는 본능적으로 알았습니다. 과시하던 내 모습은 증폭된 자신감에 지나지 않았습니다. 청년 시절 들었던 '엉뚱하다'거나 '무모하다'는 말도 역시 증폭된 자발성과 긍정적 사고에 불과했습니다. 내가 지나치게 나서는 것도 리더십이 강하고, 말솜씨가 좋아 자진해서 나섰던 것뿐이었습니다.

그리고 나는 가끔 내 존재의 이런 측면들이 사람들에게 한두 번은 칭찬도 받게 한 성질이었다는 사실을 깨달았습니다. 그러니 내가 혼란스러웠던 것이 당연할 수밖에요!

내가 나의 '부정적' 행동마다 선물도 있음을 깨달았던 때는, 이런 나의 '그림자 부분'을 직시하고, 왜 다른 사람들이 이따금 이런 면들을 부정적 행동이라고 하는지를 분명히 이해했던 바로 그때였습니다. 내가 해야 할 바는, 그런 행동을 이전과 다르게 사용하는 것이었습니다. 그걸 억누르거나 부인할 게 아니라, 단지 다르게 사용하는 것입니다.

나는 이제 통합적인 생활의 엄청난 중요성을 이해하게 되었습니다.

즉, '긍정적'이라 부르든 '부정적'이라 부르든 '진정한 자기'의 모든 측면을 먼저 알아차리고, 그다음 더 숭고한 완전함으로 융합하는 것을 말합니다.

이런 과정을 통해 마침내 나는 나 자신을 벗으로 삼을 수 있었는데, 이렇게 되기까지 얼마나 오랜 시간이 걸렸는지요! 내가 데비 포드의 이 책에서 심오한 통찰력과 놀라운 지혜를 조금만 더 일찍 접했더라면 그 과정을 훨씬 단축할 수 있었을 것입니다.

부디 이 책을 주의 깊게 읽기를 당부합니다. 읽고 또 읽고, 중요한 부분은 또다시 읽으십시오. 거듭 당부합니다만, 이 책에서 제시하는 대로 실습해보십시오.

그러나 당신의 삶을 바꾸고 싶지 않다면 굳이 읽고 실습하지 않아도 됩니다. 오히려 지금 당장 책장 깊숙이 처박아 두든지, 아니면 친구에게 주십시오. 이유는 당신 삶에서 변화는 요원하며, 이 책의 내용에 관한 체험이 거의 불가능할 것 같기 때문입니다.

나는 완전히 가시可視visibility적인 삶을 사는 효과를 확신합니다. 그런 것은 완벽한 투명성transparency, 즉 숨길 것도 부인할 것도 없는 삶을 의미합니다. 이를테면 자신이 직시하고 싶지 않을 뿐 아니라 인정하기조차 싫은 부분들마저도 다 드러내는 삶입니다. 만일 이런 가시성이 진정성의 열쇠이고, 진정성이 당신의 '참된 자기'로 들어가는 문이라는 나의 견해에 당신도 동의한다면, 머지않아 이 책을 쓴 데비 포드에게 마음 깊이 감사할 것입니다. 왜냐하면, 이 책은 당신을 바로 그 문으로 안내할 것이고, 일단 그 문에 들어서면 영원한 기쁨과 내적 평안 그리고 너무나 드넓은 자기사랑의 자리를 발견할 것이며, 마침내 당신은 조건 없이 남을 사랑할 수 있는 여유도 생길 것입니다.

그리고 이런 순환이 시작되자마자, 당신의 삶뿐만 아니라 세상도 진정 바꾸기 시작할 것입니다.

닐 도날드 월쉬

1998년 오레건주 애쉬랜드

차 례

소개의 글 … 5
머리말 … 10
1장 바깥세상, 내면세계 … 15
2장 그림자 추적 … 27
3장 내면에 세상이 … 41
4장 투사 : 내가 될 기회 … 59
5장 그림자 드러내기 … 77
6장 그림자 인정하기 … 95
7장 그림자 받아들이기 … 117
8장 자기 재해석 … 139
9장 자기 재창조 … 167
10장 결단과 실행 … 193
끝맺으며 … 218
옮긴이 후기 … 222

1장 바깥세상, 내면세계

　삶의 어느 지점에 이르면 우리가 짊어진 고통이 너무나 버거워지기에, 대부분 자기만의 성장을 위한 길을 나선다. 이 책은 우리의 관계를 망치고, 영spirit의 기를 꺾으며, 꿈의 성취를 방해하면서 우리한테 있는 그런 측면의 정체를 이제 들추어내려 한다. 심리학자 '융'은 이것을 '그림자'라고 명명했는데, 그것은 우리가 숨기거나 부정하려 애쓰는 모든 부분과, 또한 가족과 친구들은 물론 무엇보다 자기 자신이 받아들일 수 없다고 믿는 그런 어두운 측면을 포함한다. 이 어두운 면은 타인뿐만 아니라 나 자신에게도 숨겨진 채로 우리의 의식 속에 깊숙이 틀어 막혀 있다. 우리가 숨겨진 곳에서 받는 메시지는 '뭔가 편치 않아', '난 형편없어', '난 쓸모없어', '난 가치 없어' 등 단순한 것들이다.

　많은 사람이 이런 메시지를 믿는다. 우리가 자기 내면 깊숙이 잠들어 있는 것을 주도면밀하게 관찰한다면, 끔찍이 싫어하는 뭔가를 발견할 것으로 여기고, 자신에게서 견딜 수 없는 모습을 발견할까 봐 두려워 시간을 들여 샅샅이 살펴보는 것을 꺼린다. 우리는 자기 자신을, 즉 이제껏 억눌러온 모든 생각과 감정을 두려워한다. 많은 사람이 이 두려움에서 너무 물러나기 때문에 반사작용, 즉 이 세상, 가족, 친구, 그리고 낯선 사람에게 하는 투사project를 통해서만 그것을 볼 수 있다. 두려움이 너무 깊다 보니, 우리는 오직 그것을 숨기거나 부정하는 방식만으로 처리하다가, 결국 자기 자신과 남을 속이는 탁월한 사기꾼이 된다. 그런데 이런 것에 아주 익숙해지다 보면, 실제로 우리는 자신의 진면목을 숨기려고 가면을 쓰고 있다는 사실조차 잊어버린다. 거울에 들여다보이는 모습, 즉 우리 몸과 마음이 바로 자기 자신이라고 믿는다. 심지어·인간관계, 직장생활, 다이어트에서 실패한 몇 년 후에도 우리는 이 충격적인 내면의 메시지를 지속적으로 억누르며, 괜찮다고, 곧 나아질 거라고 자위한다. 우리가 생존하려고 지어낸 내면 이야기를 유지하기 위해 눈을 가리고 귀를 틀어막는다. '뭔가 편치 않아', '난 형편없어', '난 쓸모없어', '난 가치 없어'.

그림자를 억누르려고 애쓰기보다, 마주 대면하기 가장 겁나는, 바로 그것을 은폐하지 말고 인정하여 받아들일 필요가 있다. 이 '인정한다'라는 말은 어떤 성질이 당신에게 있다고 자인하는 것을 의미한다. 영적 교사이자 작가인 라자리스Lazaris는 "그림자는 실마리를 제공하고, 또한 변화의 비밀도 간직하고 있다. 그것은 당신의 세포 수준, 바로 DNA에 영향을 줄 수 있는 변화다."라고 말한다. 실제로 그림자에는 '자기가 누구인지'에 관한 본질, 즉 가장 소중한 선물이 들어있다. 우리의 이런 측면을 직시함으로써 자유롭게 영광스러운 전체성(선과 악, 어둠과 빛 모두)을 경험하게 된다. '자기가 누구인지'에 관한 전부를 받아들일 때, 이 세상에서 자신이 할 일을 선택하는 자유를 얻는다. 그러나 우리 내면의 것을 계속해서 숨기고 가장하며 투사하는 한, 존재하고 선택할 자유는 어디에도 없다.

그림자는 우리를 가르치고 인도하여, 우리에게 '전체적 자기'라는 축복을 주기위해 존재하므로, 우리가 들춰내서 탐구해야 할 소중한 자원이다. 우리가 억눌러온 감정은 우리 자신으로 절실히 통합되려고 한다. 그림자가 억제될 경우는 해로울 뿐이고, 예상치 못한 순간에 불쑥 나타날 수 있다. 이런 기습은 당신의 삶에서 가장 절실한 때에 당신을 방해할 것이다.

당신이 그림자와 화해할 때, 애벌레가 숨 막히게 아름다운 나비가 되듯, 당신 삶은 탈바꿈할 것이며, 더는 당신 아닌 모습으로 가장하거나 자신의 가치를 입증할 필요도 없어진다. 당신이 그림자를 끌어안을 때, 두려움으로 살아갈 필요가 없다. 당신의 그림자에서 선물을 찾아내라. 그러면 당신은 마침내 참된 자기실현에 온통 빠질 것이며, 늘 소망하던 삶을 자유롭게 창조할 것이다.

인간 존재는 누구나 건강한 감정 체계를 타고난다. 태어났을 때는 자기 자신을 사랑하고 수용하며, 자기의 어느 부분이 좋고 어느 부분이 나쁜지 판단하지 않는다. 순간을 살아가며 거리낌 없이 자기 자신을 표현하면서 존재의 충만함 속에 있다. 하지만 나이를 먹어감에 따라 주위 사람들에게 어떻게 행동하고, 언제 먹고 자는지를 배우며 구별하기 시작한다. 또 어떤 행동이 용인되고 거부당하는지도 익히기 시작한다. 자신의 요구에 즉각 응답이 올지 묵살이 될지, 주변 사람을 신뢰할지 두려워할지를 터득한다. 일관될 때와 모순될 때를 깨달아서 자신이 처한 상황에서 어떤 성질이 받아들여지고 어떤 것은 받아들여지지 않는지도 체득한다. 이 모든 것이 결국 순간을 살거나 자유롭게 자신을 표현하지 못하게 한다.

그러나 우리는 매순간 우리의 모습 전체를 수용하도록 허용하는 순진함을 다시 체험해볼 필요가 있다. 이런 체험이야말로 건전하고 행복하며, 완전한 인간 존재가 되기 위해 우리가 있어야 할 자리다. 이것이 바로 도道다. 닐의 저서 『신과 나눈 이야기』에서 신은 이렇게 말한다.

> 완벽한 사랑이란 흰빛이 일반 빛에 대해 어떤 관계인지 깨닫는 것과 같다. 사람들은 흔히 흰빛을 빛이 전혀 없는 상태라고 여기지만, 그렇지 않다. 흰빛은 다른 모든 빛을 다 포함하고, 존재하는 다른 모든 빛이 합쳐진 것이다. 마찬가지로 사랑 역시 감정(증오, 분노, 갈망, 질투, 탐욕)이 전혀 없는 상태가 아니라 모든 감정의 합이다. 모두 합한 총합이며 모든 것이다.

사랑은 포괄적인 것이어서, 숨기거나 두려워하는 인간의 온갖 감정을 수용한다. 칼 융은 "나는 선해지기보다, 완전해지고 싶다."라고 말했다. 하지만 얼마나 많은 사람이 선해지고, 마음에 들고, 인정받으려고 자기 자신을 팔아버렸는가?

대부분 우리는 자라면서 누구에게나 장단점이 있다고 믿지만, 인정받기 위해서는 단점을 없애거나 어떻게라도 숨겨야 했다. 이런 사고방식은 우리가 손가락과 침대를 구별하고, 자신과 부모를 구별하여, 자신을 하나의 개체로 인식하면서 발생한다. 하지만 나이가 들어가면서 영적으로 우리는 모두 서로 연결되어 있다는 더욱 중대한 진실을 체득한다. 우리는 각각 전체의 부분이다. 이런 관점에서 우리에게 정말로 좋고 나쁜 부분이 있는지 질문을 던질 필요가 있다. 과연 완전해지는 데 모든 부분이 필요할까? 나쁨이 없다면 좋음을 어찌 알 수 있을까? 미움이 없다면 사랑을 어찌 알 수 있을까? 두려움 없이 용기를 어찌 알 수 있을까?

이런 홀로그램 우주론은 내면세계와 외부세계를 연결해서 혁명적인 견해를 제시한다. 이 이론에 따르면 우리가 우주를 아무리 나누어도 각 조각마다 전체의 정보를 담고 있다. 우리는 독립된 존재이긴 해도 고립되거나 임의적 개체가 아니며, 오히려 대우주를 반영하며 담고 있는 하나의 소우주다. 스타니슬라브 그로프Stanislav Grof는 "이것이 사실이라면 우리에게는 우리의 감각을 훨씬 넘어서는 능력을 확장하여, 우주의 모든 측면에 직접적이며 즉각적으로 접근하여 실제로 체험할 수 있는 잠재력이 있다."라고 말한다. 우리는 전체 우주의 모습을 모두 담고 있다. 이런 점을 디팍 쵸프라는 "우리가 세상에 있는 것이 아니라 세상이 우리 내면에 있다."고 설명했다. 이처럼 우리는 각자 모든 인간성을 갖추고 있으며, 혹시라도 자신이 아닌 모습을 보거나 상상하는 경우는 있을 수 없다. 결국 인생 여정의 목적은 이런 전체성을 회복하는 것이다.

대인과 소인, 신성과 악마, 용기와 비겁 등 이런 상반되는 측면을 인정하여 자기 심혼psyche에 통합하지 않는다면, 내면에 잠복되어 있다가 표면화될 것이다. 다수 사람이 어둠뿐 아니라 빛도 두려워하며, 자기 내면을 들여다보기를 두려워한다. 두려움이 너무 두껍게 벽을 쌓아서, 이제 우리는 '자기가 진정 누구인지' 기억해내지 못한다.

이 책에서는 그런 장애를 극복하여, 우리가 세워온 장벽을 무너뜨리고, 맨 먼저 '우리가 누구'이고 '여기서 무엇을 하고 있는지'를 살펴볼 것이다. 이 여정을 통해 당신 자신과 타인, 세상을 바라보는 방법이 바뀔 것이다. 그리고 그것은 가슴을 열어서 각자의 인간성에 경외와 자비로 채워줄 것이다. 페르시아 시인 루미Rumi는 "자신의 아름다움을 볼 때에야, 비로소 당신은 자기 자신의 우상이 될 것이다."라고 했다. 여기서 나는 자기 진면목의 아름다움을 발견하는 과정을 설명한다.

융은 두려움과 무지, 수치심, 애정 결핍 등에 의해 무시된 성격의 여러 부분을 가리키는 말로 '그림자'라는 용어를 처음 사용했다. 그림자에 대한 그의 기본 견해는 간단하게 '자신이 되고 싶지 않은 모습'이다. 융은 '그림자 통합'이 심오한 영향력이 있으며, 우리 각자의 영적 활동에서 더 깊은 근원을 재발견하도록 도우리라 믿었다. "그러기 위해 우리는 어쩔 수 없이 악과 씨름하고, 그림자에 직면하여 악마를 통합해야 한다. 다른 방도는 없다."라고 했다.

당신이 빛을 발하기 위해서는 어둠으로 들어가야 한다. 어떤 감정이나 충동을 억누를 때 우리는 그것의 정반대도 역시 억누르는 셈이다. 우리가 자신의 추한 모습을 부정하면 아름다움도 줄어들고, 자신의 두려움을 부정하면 용기도 줄어들며, 자신의 욕심을 부정하면 너그러움 역시 줄어든다. 우리의 전체성은 우리가 이제껏 상상할 수 있는 것 이상이다. 만일 당신이 나처럼 우리 내면에 모든 인간의 모습이 있음을 믿는다면, 당신 자신이 언제나 동경하던 근사한 사람이 될 수도 있고, 동시에 상상해본 적도 없는 최악의 인간이 될 수도 있다. 이 책에는 이렇게 때로는 모순된 자신의 모든 측면과 화해하는 내용이 들어있다.

세미나 강사인 친구 빌 스피노자는 "당신이 함께할 수 없는 것이 당신을 내버려두지 않을 것이다."라고 말한다. 즉 당신에게 모든 모습이 존재하도록 허락하는 법을 터득해야만 한다. 더군다나 자유로워지기를 원한다면 당신은 '함께'할 수 있어야만 한다. 이것은 우리가 자신을 향한 판단을 멈춰야 한다는 것을 의미한다. 우리는 인간이어서 결점이 있기에 자기 자신을 용서해야 한다. 대개 자신을 심판하면 자동적으로 남도 심판하기 마련이며, 남에게 하는 그대로 자신에게도 하기 마련이다. 세상은 자기 내면을 비춰주는 하나의 거울이다. 따라서 우리가 자신을 수용하고 용서할 수 있을 때, 남도 수용하고 용서할 수 있다. 이 교훈을 나는 힘들게 터득했다.

　1985년 어느 날 나는 차가운 대리석 욕실 바닥에서 눈을 떴다. 몸이 쑤시고 입에서는 악취가 났다. 마약을 한 상태에서 또 하룻밤을 보냈고, 그다음에는 물론 마약 기운이 떨어져 괴로웠다. 일어나 거울을 보며 나는 이런 식으로 계속될 수는 없음을 깨달았다. 그때 내 나이 스물여덟임에도 여전히 누군가 내게 와서 문제를 해결해주기를 기다리고 있었지만, 그날 아침 아무도 오지 않는다는 걸 절감했다. 백마 탄 왕자님은커녕, 부모들조차 오지 않았다. 그때 나는 약물 중독으로 말미암아 생사의 갈림길에서 당장 결단해야만 했다. 아무도 나대신 결정을 해 줄 수 없었고, 어느 누구도 내 고통을 덜어 줄 수 없었다. 한마디로 내가 스스로 실행하기 전에는 아무도 나를 도울 수 없었다. 그때 거울에 비친 여성의 모습이 나에게 충격을 주었다. 나는 그 여성을 처음 만난 것처럼 그녀가 누군지 모른다는 사실을 실감했다. 지치고 겁에 질려서 전화로 도움을 청했다.

그 후 내 인생은 놀랍도록 변했다. 그날 얼마가 걸리더라도 잘해보겠다는 결심을 했고, 곧 28일 동안 치료 프로그램을 마치고, 나의 내면과 외부를 치료하기 위한 긴 도전을 시작했다. 쉬운 작업이 아닐 것 같았지만 다른 선택의 여지가 없었다. 그렇게 5년 동안 어림잡아 5만 달러가 든 후에야 나는 다른 사람이 되었다. 중독을 치유했으며, 친구도 가치관도 바꾸었다. 하지만 조용히 명상할 때, 여전히 내 마음에 걸려서 없애고 싶은 부분이 남아 있었다. 내가 여전히 나 자신을 미워한다는 점이 문제였다.

어떤 사람이 집단 치료, 공동의존 치료, 12단계 모임, 최면술, 침치료, 거듭나기, 번지 점프, 자기 변형 세미나, 불교 명상, 수피 명상, 수백 권의 독서, 심상 훈련 등을 11년 동안이나 하고 난 후에도 여전히 자기 존재의 일부를 미워했다면 믿기가 어려워 보인다. 그 모든 시간과 돈을 들였지만, 나는 내 작업이 여전히 끝나지 않았음을 알았다.

그런데 굉장한 일이 터졌다. 얀 스미스라는 한 여성이 주관하는 리더십 강화 세미나에 참석했다. 얀은 세미나 도중 그룹 발표시간에 앞에 서있는 나를 바라보며 "당신 천박해."라고 말하는 것이었다. 순간 나는 가슴이 철렁했다. '어떻게 알았을까?' 나의 그런 부분을 없애려고 지독하게 노력했고, 이 끔찍한 특성을 상쇄하려고 친절하며 상냥하게 보이려고 엄청 애썼지만, 난 나 자신이 천박하다는 걸 알고 있었다. 그다음 얀은 냉정하게 왜 내가 나의 그런 부분을 미워하느냐고 물었다. 나는 기가 죽은 채로 바로 그 천박함이야 말로 나로 하여금 가장 부끄럽게 만드는 부분이며, 나뿐만 아니라 타인에게도 고통을 초래했다고 대답했다. 그러자 얀이 "당신이 외면하는 부분, 바로 그것이 당신을 지배하고 있어요."라고 말했다.

그때에야 나는 천박함이 어떻게 나를 지배하는지 알 수 있었고, 늘 그것을 걱정했음에도 여전히 인정하고 싶지 않았다. 그런데 얀이 "천박해서 좋은 점은 없을까요?"라고 물었다. 내가 알기론 없었지만, 그녀는 "당신이 집을 짓고 있는데, 건축업자가 예산을 초과해 쓰고 공사가 3주나 늦었을 때 약간의 천박함이 도움되지 않을까요?"라고 말했다. 물론 나는 동의했다. "사업상 상품을 반품할 때도 가끔 천박함이 도움되지 않겠어요?" 이번에도 고개를 끄떡였다. 그러자 얀은 세상에서 일을 원활하게 진행하길 바란다면, 어떤 때에는 천박함이 유용할 뿐 아니라 훌륭한 성질임을 이제 알겠냐고 내게 물었다. 그 순간, 내가 절실히 숨기고 부인하고 억누르려 했던 부분이 해방을 맞았다. 목에 감겨있던 천근의 중압감이 떨어져 나가면서 온몸의 느낌이 달라졌다. 얀은 내게 그런 측면이 부끄러운 것이 아니라 하나의 선물임을 보여주었다. 비록 내가 그런 측면이 있음을 인정한다 하더라도 굳이 그것을 꼭 행동으로 나타낼 필요는 없을 것이다. 그것이 나를 남용하기보다 내가 그것을 이용할 수 있을 것이다.

그날 이후 내 삶은 아주 달라졌다. 게다가 풀리지 않던 다른 문제도 분명히 이해되었다. "저항하는 것은 지속된다." 이전에도 여러 번 들은 말이지만 그 진술의 깊은 뜻을 잘 몰랐다. 나 자신의 '천박함'에 저항함으로써 그것을 고착시켜왔다. 하지만 그것을 받아들이고 그것의 선물을 알아보는 순간, 저항은 사라져서 하찮은 문제가 되어버렸다. 자연스럽게 내 존재의 유익한 부분이 된 것이다. 내가 언제나 천박해져야 하는 것은 아니지만, 세상에 살면서 그렇게 해야 할 때가 이따금 있을 테니, 나 자신을 돌보기 위해서 그런 천박한 성질을 적절하게 발휘할 수 있다.

내게 이런 과정은 기적처럼 보였다. 그래서 내가 싫어하는 모습을 모두 표로 작성해서 그 안에 숨은 선물을 찾는 작업을 했다. 각각의 측면에서 긍정적 가치와 부정적 가치를 볼 수 있게 되자, 방어태세를 풀고 이 부분은 있어도 좋다고 허용할 수 있게 되었다. 그것은 우리 안에 싫어하는 점을 없애는 것이 아니라, 그런 측면의 긍정적인 면을 찾아내어 우리 삶에 통합하는 과정임이 명백해졌다.

이 책은 당신의 여정을 위한 안내서다. 그림자를 드러내고, 인정하고, 받아들이는 걸 돕기 위해 수년간 내가 계발해온 치유 과정에서 핵심적인 발상을 담고 있다. 먼저 '그림자'를 상세히 규정하고, 그것의 본질과 효과를 살펴보면서 시작할 것이다. 그다음 핵심적인 그림자 현상, 즉 자신에게 중요한 부분을 저버림으로써 바로 그것을 부정하는 '투사' projection를 고찰할 것이다. 우리는 자신의 내적·외적 삶을 이해하기 위한 새로운 패러다임(홀로그램 우주론)을 숙고한 후, 자신의 어두운 면에서 숨은 얼굴을 드러내는 방법을 터득하여, 그것을 실제 적용하면서 행동을 취하기 시작할 수 있다. 그래서 우리는 타인에게 내주었던 힘을 되찾는 방법뿐만 아니라, 그림자의 성질을 인정하고 그것에 대해 책임지는 과정을 밟아서, 그림자를 받아들여 그것의 선물을 발견하기 위한 구체적인 도구를 터득할 것이다. 마지막으로 자기 자신을 사랑하고 함양할 수 있는 방식과 꿈을 구현하고 삶을 가치 있게 하는 실용적인 도구를 탐구할 것이다.

많은 사람이 빛을 쫓는 데에 너무나 많은 시간을 들이지만 더 짙은 어둠만을 발견하곤 한다. 융은 "인간은 빛의 형상화가 아닌 어둠을 의식화함으로써 깨닫는다."라고 말했다. 이 책은 당신에게 자신의 그림자를 드러내고 인정하고 받아들이는 방법을 안내할 것이며, 당신 내면에 잠복한 것이 드러나게 할 지식과 도구를 제공할 것이다. 당신의 능력, 창의력, 명석함, 꿈을 되찾도록 안내할 것이며, 당신 자신과 타인에게 자기 가슴을 열게 하고 세상과의 관계를 영원히 바꾸어 놓을 것이다.

2장 그림자 추적

그림자에는 여러 얼굴이 있다. 두려움, 탐욕, 분노, 복수심, 사악함, 이기심, 교묘함, 게으름, 지배, 적개심, 추함, 저질, 옹졸함, 나약함, 비판, 심판... 한마디로 끝이 없다. 우리의 어두운 면은 자신이 수용할 수 없는 우리의 모든 측면(그렇지 않은 척하는 모든 것과 우리를 당혹케 하는 모든 측면)을 저장하는 창고 역할을 한다. 이것은 세상과 자신에게조차 보이고 싶지 않은 얼굴들이다.

우리가 자신의 모습에서 미워하고 저항하고 부인하는 모든 것은, 우리의 자존심을 은밀히 손상시키면서 의식적인 삶과 겨룬다. 우리가 자신의 어두운 면과 마주 대하게 될 때, 우리의 첫 번째 본능은 피하는 것이며, 그다음에는 간섭하지 말아 달라고 어두운 면과 흥정한다. 이런 식의 노력에 많은 사람이 엄청난 시간과 돈을 들여왔지만, 얄궂게도 가장 관심이 필요한 곳은 우리가 무시해 온 이런 숨겨진 면들이다. 우리가 싫어하는 그런 부분들을 가둬 놓을 때, 부지불식간에 가장 귀중한 보물을 꼭꼭 숨겨 놓은 셈이 된다. 따라서 이 귀중한 보물은 우리가 찾아볼 가능성이 거의 없는 곳, 즉 어둠 속으로 숨는다.

이런 보물은 우리의 주의를 끌어 엄청나게 알아달라고 시도하지만, 우리는 그것들을 눌러서 숨기기에 익숙해져 있다. 하지만 물속 깊이 잠긴 커다란 물놀이 공처럼, 그런 측면들이 압박감을 떨쳐내려 할 때마다 표면으로 다시 튀어나온다. 우리는 자신의 그런 부분들이 존속

할 수 없게 하려고, 그것들을 표면 아래 있게 하는 데 엄청난 정신력을 소모한다.

시인이자 작가인 로버트 블라이Robert Bly는 그림자를 '우리가 저마다 지니고 다니는 보이지 않는 가방'으로 설명한다. 블라이는 우리가 자라면서 가족과 친구들이 받아들이지 못하는 자기 자신의 모든 측면을 그 가방 속에 넣는데, 삶에서 처음 몇 십 년은 그렇게 가방을 채우는 데에, 나머지 세월은 짐을 가볍게 하려고 가방에 넣었던 것을 다시 애써 꺼내는 데 보낸다고 말한다.

사람들은 대부분 그들의 어둠을 대면하고 받아들이기를 겁낸다. 하지만 우리가 간절히 바라던 행복과 성취감을 발견할 곳은 바로 그런 어둠에서다. 전체적 자기를 발견하려고 시간을 낼 때, 비로소 진정한 깨달음의 길에 들어설 것이다. 정보화 시대의 가장 큰 함정은 바로 '알고 있다'고 착각하는 지식증후군이다. 안다는 점은 종종 가슴에 의한 체험을 방해한다. 그림자 작업은 지식적이 아닌 머리에서 가슴까지의 여정이다. 마음공부 과정에 있는 사람들 중 다수는 모든 과정을 끝냈다고 믿지만, 정작 자기 자신에 관한 진실을 목격하기를 꺼린다. 우리는 대부분 빛을 바라보고, 고상한 아름다움에서 살기를 열망하지만, 자기 자신을 모두 통합조차 하지 않으면서 그렇게 되고 싶어 한다. 어둠을 모르고는 충만한 빛 체험도 할 수 없다. 어두운 면이 진정한 자유의 수문장이다. 우리는 저마다 기꺼이 자신의 이런 측면을 끊임없이 탐구하고 들춰내야 한다. 좋든 싫든 당신이 인간인 이상 그림자가 있지만, 만일 그것을 자신에게서 볼 수 없다면 가족이나 가까운 직장 동료에게 물어 보라. 그들이 가르쳐 줄 것이다. 우리는 자신의 가면이 내적 자아를 감춰주고 있다고 생각하지만, 자신에 대해 인정하고 싶지 않은 것들이 무엇이든 우리가 전혀 예상치도 못한 순간에 고개를 쳐들어 어떤 식으로든 자기 존재를 알린다.

자기 자신의 어떤 측면을 끌어안는다는 의미는 그것을 사랑한다는 것, 즉 더도 덜도 아닌 공평하게 대해서 자신의 다른 측면과 공존하도록 배려한다는 말이다. 반면 "잘 억제하고 있다."라는 표현으로는 적절하지 않다. 우리는 억제하는 것이 우리에게 무슨 교훈이 되는지, 무슨 선물을 가져다주는지를 살펴보고, 경외와 자비로 바라볼 수 있어야 한다.

어떤 것이 신성해지려면 완벽perfect해져야 된다는 정서가 있지만, 그것은 착오일 뿐이며, 오히려 정반대가 진실이다. 신성해진다는 건 완전whole해지는 것이고, 완전해지는 건 모든 것(긍정과 부정, 선과 악, 성인과 악마)이 된다는 것이다. 우리가 그림자와 그 선물을 발견하려고 시간을 낼 때, "어둠 속에 황금이 있다."라는 칼 융의 말을 이해하게 될 것이다. 또한 우리는 각자 신성한 자기와 재결합하기 위해 그 황금을 찾을 필요가 있다.

나는 자라면서 세상에는 좋고 나쁜 두 종류의 사람이 있다는 말을 들어왔다. 대부분의 아이들처럼, 나도 장점을 과시하고, 단점은 숨기려고 무척 애썼다. 나의 부모 형제자매들이 싫어할 것 같은 부분을 없애려고 엄청나게 애를 썼다. 나이가 들면서 더욱 많은 사람이 각자의 견해를 지니고 내 삶에 들어오면서, 나는 숨겨야 했던 부분이 더욱 많아졌음을 깨달았다.

그 시절, 나는 내가 왜 그렇게 나쁜 소녀인지를 알아내려고 밤늦게

까지 잠을 이루지 못하곤 했다. 어찌 이리 끔찍한 성질머리가 지겹게도 많단 말인가? 게다가 고쳐야 할 결점이 너무 많은 형제자매 때문에, 우리 중 누구 한 사람이라도 흠이 잡힐 때마다 우리는 모두 힘들어하곤 했다. 나는 아랫동네의 감옥에 있는 사람들이 자신을 곤경에 빠뜨리는 나쁜 성질 때문에 거기에 가게 된 것이라는 말을 들었다. 나는 결과적으로 가족과 친구가 교도소로 나를 면회하러 오는 상황에 처해지는 일이 절대 없게 하고 싶었다. 그래서 어릴 때부터 주위에서 인정받는 방법으로 나의 바람직하지 못한 부분을 숨기는 태도를 취했다. 물론 때때로 거짓말도 했다. 내 꿈은 모두에게 사랑받기 위해서 완벽해지는 것이었다. 그래서 나는 이를 닦지 않았지만 닦았다고 둘러댔고, 내 몫보다 더 많은 과자를 먹었을 때도 시치미를 뗐으며, 동생을 때렸을 때도 거짓말을 했다. 이미 나 자신을 속이기 시작했었기에, 서너 번 거짓말을 할 때까지는 내가 거짓말을 하고 있다는 사실조차 깨닫지 못했다.

나는 '화내지 마라.' '이기적이 되지 마라.' '비열해지지 마라.' '욕심내지 마라.'고 들었고, 바로 그 '하지 마라'라는 메시지를 나의 것으로 받아들였다. 이따금 내가 비열해지고, 화내고, 욕심내기에 나 자신을 나쁜 인간으로 믿기 시작했으며, 내가 속한 가정과 사회에서 살아남으려면 이런 충동을 없애야 한다고 여겼다. 그래서 나는 정말 그것을 없앴다. 천천히 의식 깊숙한 곳으로 눌러 넣었고, 결국 그런 충동이 있었다는 사실조차 잊어버렸다.

바로 이런 '나쁜 성질'이 내 그림자가 되었고, 더 나이를 먹으면서 그것들을 더 깊이 눌러버렸다. 10대 때에는 너무나 철저히 내 위선을 억눌렀기에, 누가 나한테 걸리기만 하면 언제든 터질 준비가 된 걸어 다니는 시한폭탄이었다. 결국 소위 나쁜 성질과 함께 그 이면에 있는 긍정적인 면들도 모두 억눌렀던 셈이다. 예를 들면 나의 추함을 감추려고 너무나 긴 시간을 허비했기에 나의 아름다움을 느낄 겨를이 없었고, 후덕함이 욕심을 은폐하는 가면이었기에 내 후덕함도 절대 기분 좋게 느낄 수 없었다. '내가 누구인지'에 관하여, 또 내가 성취할 수 있는 능력에 관하여 거짓말을 해왔다. 나의 진정한 모습을 모두 잃어버렸다.

　내 위선을 감추는 것이 너무나 힘들었기에, 자신의 결함을 서슴없이 들춰낼 수도 있는 사람들을 난 도저히 용납하기 어려웠다. 그래서 나는 참을성 없고 비판적이 되었다. 이런 나의 처지로는 누구든 흡족할 만큼 선해 보이지 않고, 세상은 끔찍한 곳이며, 인간은 누구나 힘들게 살아간다고 보였다. 또한 나 자신도 기대에 미치지 못하는 부모에게서 태어났고, 못난 얼굴에 몸매도 볼품없으며, 엉터리 학교에 다니고, 잘못된 친구를 만나고, 문제 지역에 살기 때문이라고 믿었다. 정말로 내 외로움과 분노, 불만족의 원인이 바로 이런 외적인 상황 탓이라고 믿었다. 나는 '만약 내가 원하는 만큼 더 부잣집에 태어났고, 더 좋은 곳에 살았고, 더 좋은 학교에 다녔고, 또 좋은 옷을 입고 돈이 많았다면, 얼마나 좋았을까! 그러면 모든 걱정도 사라졌을 텐데.'라고 생각했다.

　나는 '만약'이라는 그야말로 흔해빠진 함정에 빠진 것이었다. 이것이 저렇다면 정말 좋을 텐데. 하지만 이 망상은 그리 오래가지 않았다. 공상이 바닥나자, 나는 최악의 악몽에 직면했다. 갈비씨, 결점투성이,

평범한 집안, 고약함, 이기적임, 이 모든 모습이 원래의 나라는 사실을 파악했다. 이후 내 존재의 모든 점과 화해하기까지 무려 17년이나 걸렸다. 이제 나는 명석하고 아름답지만, 반면에 불완전하고 흠도 있다. 이런 통합 작업을 지금까지도 계속한다.

'그림자 작업'을 하는 이유는 완전해지고, 괴로움을 끝내며, 자기 모습을 자신에게 숨기지 않기 위해서다. 일단 이렇게 하면, 우리는 나머지 세상에서 숨지 않아도 된다. 물론 완벽한 사람이 모든 것을 차지한다는 환상이 우리 사회에 만연해 있지만, 동시에 완벽해지려고 애쓰는 것에는 희생도 크다는 점을 많은 사람이 파악하고 있다. '완벽한 사람'을 흉내 내는 결과는 우리의 몸·정신·감정·영혼을 갉아먹을 수 있다. 나는 그동안 중독, 우울증, 불면증, 역기능 관계 등 갖가지 병(dis-ease 불편함)으로 고생하는 수많은 선량한 사람을 연구했다. 대개 그들은 절대 화내지 않고, 자기를 내세우지도 put first 않고, 심지어 자신을 위해선 기도하지도 않는다. 그중 몇몇 사람의 몸은 암세포 투성이지만, 그들은 이유를 모른다. 자신의 꿈·분노·슬픔·소망을 몸에 묻고, 마음속 깊숙이 꾹꾹 채워 넣었기 때문이다. 그렇게 하는 것을 좋은 사람의 처신으로 여기기에 자신을 뒷전으로 put last 놓는 게 습관이 되었다. 그런 그들에게 가장 어려운 점은 이런 조건을 형성하는 상황에서 벗어나 '자기가 진정 누구인지' 파악하는 것이다. 그들은 당연히 사랑과 용서와 동정을 받아야하므로, 그들의 분노와 이기심을 표현할 충분한 자격이 있다.

우리의 내면에는 모든 특성의 양면성이, 모든 인간적 감정과 충동이 있다. 우리는 자신의 모든 모습인 선과 악, 어둠과 빛, 강함과 약함,

정직과 거짓을 모두 밝혀내고 인정하고 끌어안아야 한다. 만일 당신이 약하다고 여긴다면, 내면에서 그 반대 측면 즉 강함을 찾아내고 끌어내면 된다. 만일 당신이 두려움에 좌우된다면, 내면으로 가서 용기를 끌어내면 된다. 만일 당신이 희생자라면, 자기 내면의 가해자를 찾아내면 된다. 이렇게 완전해져서 모든 걸 다 갖추는 것은 당신의 타고난 권리며, 다만 인식을 전환하고 가슴을 열기만 하면 된다. 자신의 아주 깊고 어두운 측면을 향해 "이게 바로 나다."라고 할 수 있을 때에야 진정 깨달을 수 있다. 즉, 어둠을 완전히 받아들여야 비로소 빛을 끌어안을 수 있다. 그림자 작업은 가슴으로 싸우는 투사의 길이라고 들었다. 그 작업은 우리가 자기의 모든 면과 모든 인간에게 가슴을 열어야 하는 새로운 의식으로 우리를 데려간다.

최근 어느 세미나에서 한 여성이 일어나 우는 일이 벌어졌다. 오드리라는 이름의 그녀는 아주 심각한 고통을 겪고 있었다. 몹쓸 생각이 그녀에게 떠오르고, 그 내용을 이야기하면 모두가 자신을 정말 나쁜 인간으로 여길 것 같아 부끄럽고 난처하다고 고백했다. 긴 설득 끝에 마침내 오드리는 딸을 미워한다는 사실을 털어놓았다. 너무나 감정이 격해 있어서 오드리의 말을 자세히 알아들을 수는 없었지만, 그녀는 기어드는 소리로 "저는 딸이 미워요."라는 말만 반복했다. 참가자들 중 어떤 사람들은 동정심으로, 다른 사람들은 혐오감으로 그녀를 바라보고 있었다.

만일 미움이 오드리가 느꼈던 감정이라면, 그 자체는 괜찮다고 그녀에게 잠시 설명했다. 딸에게 느낀 그 미움을 수용할 필요가 있다고 설득했다. 그리고 참가자들에게 자녀가 있는지 묻자, 대부분 손을 들았다. 눈을 감은 다음 자녀가 정말 미웠던 적이 있는지 기억해보라고 말했다. 그러자 모든 사람이 최소한 한 번 이상 미워했던 기억을 떠올렸다. 그다음 나는 미움이 어떤 선물을 줄 수도 있는지 상상해보라고 했다. 그러자 온전한 정신, 사랑, 감정풀이 등등 여러 의견이 나왔다. 결국 감정 자체를 통제할 수 없다는 점을 모든 사람이 깨달았다. 즉, 우리가 미워하고 싶지 않을 때에도 때때로 미운 감정이 든다.

이로써 자기 혼자만 그런 감정이 드는 것이 아니라는 사실이, 오드리에게 그 감정을 아무 심판 없이 받아들이는 데 도움이 되었다. 사랑을 알기 위해선 미움도 필요하며, 미움이 억제되고 부정될 때만 그것에 힘을 준다고 설명했다. 나는 오드리에게 미운 감정을 억누르기보다, 그 감정을 껴안고 그것이 줄 선물을 찾아낸다면 무슨 일이 일어났을지 물었다. 하지만 오드리는 여전히 부끄러운지 고개 숙이고 있어서, 나는 이야기를 하나 들려주었다.

어느 날, 할아버지와 쌍둥이 손자가 산책하며 숲 속을 걷다가 어떤 작은 헛간에 이르렀다. 호기심이 발동해 안으로 들어갔을 때, 손자 한 명이 곧바로 투덜거렸다. "할아버지, 빨리 나가요. 말똥 냄새가 나요." 새 신발에 거름이 묻은 것을 본 그 꼬마는 짜증을 내며 이미 문간에 서 있었다. 대답하려는 할아버지에게 다른 손자가 헛간 안을 신나서 뛰어다니는 것이 보였다. 할아버지는 손자에게 "애야 뭐 찾고 있니? 뭐가 그리 신이 나는 거냐?"라고 물었다. 그러자 꼬마가 대답했다. "사방에 말똥이 있는 걸 보니 어딘가 조랑말이 있을 게 분명해요."

순간 세미나실 안은 평온해졌고, 오드리의 얼굴도 환해졌다. 이런 (조랑말의) 측면에서 미움의 선물도 깨닫기 시작했다. 이런 인식의 전환

덕택에 수년간 그녀 주위를 맴돌았던 부정적인 에너지가 풀어졌다. 그녀는 자신의 미운 감정이, 자신이 사랑하는 사람들 주위에 자기 영역을 지키려는 일종의 방어기제임을 이해했다. 이런 미움이 그녀에게 큰 고통을 안겨주기는 했지만, 그녀만의 영적 여정의 촉진제이자 내면 진실을 찾도록 돕는 자극제도 되었다.

더 금쪽같은 일이 벌어졌는데, 세미나 2주 후 오드리에게 딸이 전화한 것이다. 이제 자신에게 기분이 좋아진 오드리는 위험을 무릅쓰고 지난 몇 년간 자신이 딸에게 어떤 느낌이 들었는지 토로했다. 또 치유 과정을 통해 미움이라는 감정을 어떻게 끌어안게 되었는지도 설명했다. 오드리의 말이 끝나자, 딸은 울기 시작했다. 울고 또 울면서 그동안 느낀 모든 고통과 공허함, 엄마에게 느꼈던 섭섭함을 모두 풀어놓았다. 그런 후 딸은 엄마에게 함께 식사하자고 했다. 서로 마주보고 앉자, 모녀만의 특별한 감정적 끈을 느낄 수 있었다. 그리고 그 무엇도 모녀 사이가 멀어지지 않도록 차후로는 어떤 것이든 모든 감정을 표현하자고 맹세했다.

만일 오드리가 자신의 미움을 표현할 만큼 용감하지 않았더라면, 그런 치유도 불가능했을 것이다. 그동안 모녀는 너무나 감정을 억누르고 있었기에, 함께 있기만 하면 이내 눈물바다가 되곤 했다. 미움의 선물이 드러날 수 있도록 미움은 표현되고 받아들여질 필요가 있다. 오드리의 미운 감정이 준 선물은 사랑이었다. 그건 오드리에게 딸과 새롭고 아름답고도 솔직한 관계를 안겨주었다.

마찬가지로 우리의 매 측면마다 선물이 숨어 있다. 우리한테 있는 온갖 감정과 특성은 깨달음과 하나됨으로 가는 길을 제시한다. 우리에게는 모두 통합적인 실재의 부분인 그림자가 있다. 그것은 우리에게 부족한 부분을 지적해주고, 타인뿐만 아니라 자기 자신에 대한 사랑·자비·용서를 가르쳐준다. 그리고 그림자가 받아들여지면, 그것이 우리를 치유할 수 있게 한다. 하지만 그림자의 후미진 곳을 헤매는 '부정된 어둠'만이 아니라, 우리의 권능·파워·진정성을 감춘 곳인 '밝은 그림자'도 있다. 심혼psyche의 어두운 부분은 우리가 쌓아놓고 숨길 때만 어두울 뿐이다. 그 부분을 의식의 빛으로 가져와서 그것의 신성한 선물을 찾아낸다면, 그것은 오히려 우리를 탈바꿈시킨다. 그러면 우리는 자유로워진다.

나는 이런 사실을 이름이 팸이라는 여성의 치유과정에서 분명히 확인했다. 이마에 '엿 먹어!'라는 희미한 문신이 있던 그녀는 다소 거칠고 반항적이었다. 팸은 모든 것을 미심쩍어했지만, 자신의 어둠을 인정하는 데 아무 문제가 없다고 확고하게 주장했다. 그녀의 어둠은 자신의 위안처란 점에서는 옳았다. 그녀는 남이 손가락질하든 욕하든 상관하지 않았으며, 오히려 그런 말을 찬사로 여겼다. 그래서인지 내가 팸에게 '물렁하다'라고 하자, 그녀는 말도 안 된다며 의혹의 눈초리로 나를 쳐다보았다. "내가요? 물렁하다고요? 맙소사!" 그녀로서는 자신이 부드럽고 상냥하고 여성스럽다는 점을 수용하기 어려웠다. 나는 주말 과정에서 무슨 방도가 나오리라고 확신하며 팸을 내버려두었다. 아니나 다를까 이튿날 카타르시스 운동 명상 후, 나는 몇몇 사람에게 그룹의 가운데 서서 나머지 사람들과 포옹하기를 요청했다. 처음 시도해 보는 방식이지만, 분명히 팸을 포함한 몇몇 사람은 꽉 막혀 있었고, 상당한 애정이 필요했다. 우리가 팸을 팔로 감싸 안자,

그녀는 주저앉아 슬픔을 가누지 못하고 울면서 어머니를 찾았다. 십여 명의 사람이 앉아서 한 시간 넘게 수년간의 고통과 외로움, 슬픔을 토로하는 팸을 위로했다.

울음을 멈출 것 같지 않던 팸은 마침내 모든 걸 인정했으며, 우리가 그녀를 조건 없이 사랑할 수 있게 해주었다. 나중에 안 사실이지만, 팸은 어릴 때 부모에게 버림받고서 한 번도 엄마를 만나지 못했으며, 어릴 때 사진이 단 한 장도 없었다. 사실 팸은 엄마를 찾으려고 지난 몇 년간 사립 탐정까지 고용했었다. 치유 과정의 마지막 날, 어느새 그녀는 자신의 부드러움과 상냥함을 받아들이고 있었고, 모두가 팸의 변신에 놀라움을 감추지 못했다. 그리고 1주일 후, 팸은 탐정에게서 자신의 어릴 때 사진을 받았다. 다시 2주일 후, 탐정이 엄마를 찾게 되어, 처음으로 팸이 엄마를 만나 얘기를 나누었다. 이처럼 일단 그림자가 받아들여지면 치유되고, 그림자가 치유되면 사랑이 된다.

만일 어둠 속에 황금이 있다면, 우리는 대부분 엉뚱한 곳을 찾아 헤매고 있다. 디팍 쵸프라는 "모든 인간 존재 내면에는 태어나길 원하는 단 하나의 소망을 간직하고 준비 중인 신성이 있다."라고 자주 말했다. 우리는 신성의 싹이 트기를 고대하지만, 이 싹이 자랄 비옥한 땅이 필요하다는 사실을 잊었다. 바로 그런 곳이 우리 내면의 어둡고, 투박하고, 불분명한 그림자다. 그곳에 꽃을 심어 피어나게 하려면 먼저 그 영역을 수용하고, 사랑하고, 경작해야 한다.

❈ **실습**

이 실습을 할 때 알아차리는 상태가 되는 게 중요합니다. 당신에게 필요한 모든 답이 내면에 있지만, 답을 들을 정도로 고요해져야 합니다. 완전히 이 과정에 몰입할 수 있도록, 전화기를 꺼서 시간적인 여유를 두어 최소한 1시간은 확보하길 바랍니다. 편안한 옷을 입고서 집안에서 마음에 드는 곳에 앉으십시오. 은은한 분위기를 위해 촛불을 밝히고 부드러운 음악을 트는 것이 좋을 것입니다. 즐겨 쓰는 메모장과 필기도구를 가까이 두십시오. 다음 순서를 보려고 눈뜰 필요가 없도록 각 과정들을 녹음해도 좋습니다.

준비되면 눈을 감고 천천히 깊게 5번 심호흡합니다. 이때 다섯까지 세면서 숨을 들이마시고, 다시 다섯을 세는 동안 숨을 멈췄다가 천천히 입으로 숨을 내쉽니다. 호흡을 활용하여 몸 전체를 이완합니다. 계속하면서 오직 호흡에만 집중합니다. 이것이 마음을 고요하게 하는 아주 좋은 방법 중 하나입니다.

이제 눈을 감은 채 자신이 엘리베이터를 타고서 문을 닫고, 그다음 버튼을 눌러 지하 7층으로 내려가는 것을 상상합니다. 자신의 의식 속으로 깊숙이 들어가고 있다고 상상합니다. 문이 열리면 당신 앞에 아름답고 신성한 정원이 나타납니다. 그 모습을 선명하게 마음에 떠올리려 합니다. 나무와 꽃이 있고 새가 날고 있습니다. 하늘빛은 어떻습니까? 맑게 개어 있습니까? 구름이 끼어 있습니까? 신선한 공기와 뺨을 스치는 바람을 느껴봅니다. 당신은 어떤 옷을 입고 있습니까? 좋아하는 옷입니까? 가장 멋진 모습으로 단장한 자신의 모습을 그려봅니다. 이제 신발을 벗고 발바닥에 닿는 땅의 감촉을 느껴봅니다. 잔디인가요, 모래밭입니까? 딱딱한가요, 촉촉합니까? 오솔길은 보입니까? 폭포나 동상, 아니면 뛰어다니는 동물은 없습니까? 그렇게 사방을 찬찬히 둘러보고 정원에 또 무엇이 있는지 찾아봅니다.

정원 창조가 끝나면, 이제 당신이 여태껏 갈구한 모든 답을 찾아낼 수 있는 명상할 만한 신성한 자리를 마련합니다. 그다음에 몇 분 동안 내면의 신성한 공간을 탐색하고 나서, 가능하면 자주 이곳에 오겠다는 다짐을 합니다. 다시 호흡에 집중하여 더욱 천천히 깊게 5번 심호흡을 합니다. 한층 이완된 인식 상태가 됩니다.

이제 자신에게 다음의 질문을 하고, 천천히 내면의 소리에 귀를 기울입니다. 각각의 질문 후 잠시 눈을 뜨고 메모장 안에 대답을 적습니다. 최상의 방법으로 마음에 떠오르는 것이 무엇이든 재빨리 씁니다. 맞거나 틀린 답이 있는 것이 아니니, 뭘 쓸지 고민하지 말고, 이 과정에서 떠오르는 느낌이 무엇이든 표현합니다. 첫 번째 질문에 대답을 썼으면, 눈을 감고 마음속에 그렸던 정원으로 돌아가 미리 마련한 명상 자리에 앉습니다. 그다음 질문으로 넘어가기 전 천천히 심호흡을 2번 더 하고나서 계속합니다. 여유 있게 합니다.

1. 내가 가장 겁내는 것은 무엇인가?
2. 내 삶의 어떤 측면이 탈바꿈돼야 하는가?
3. 이 책을 읽고 무엇을 성취하고 싶은가?
4. 타인들에게 나의 어떤 면이 파악될까 가장 불안한가?
5. 자기 자신의 어떤 면을 알게 될까봐 가장 힘든가?
6. 자신에게 했던 중대한 거짓말은?
7. 타인에게 했던 중대한 거짓말은?
8. 내 삶을 탈바꿈하는 데에 방해가 되는 것은?

이 실습을 다 마치면, 어떤 내용이든 표현하고 싶은 것을 메모장에 쓰십시오. 그다음 이 실습이 가져다주었던 용기와 노고를 인정하는 시간을 잠시 갖고, 다음 장으로 넘어가십시오.

3장 내면에 세상이

"우리가 세상에 있는 것이 아니라 세상이 우리 내면에 있다." 처음 이 말을 들었을 때 당혹스러웠다. 어째서 세상이 내 내면에 있을 수 있지? 다른 인간 존재가 내 내면에 거한다는 게 가능이나 할까? 실제 나에게 모든 인간 존재를 구성하는 수천 가지 성질과 특성이 내재되어 있으며, 모든 인간의 내면에 전체 인류의 청사진이 담겨 있다는 사실을 깨닫기까지 참으로 오랜 시간이 걸렸다. 홀로그램 우주론은 우리 각자가 대우주에 속한 소우주라는 사실을 가르쳐준다. 우리는 저마다 우주 전체의 모든 속성을 담고 있다. 만일 신용카드의 홀로그램을 조각내어 그것에 레이저 광선을 비춘다면, 그 전체 그림을 보게 될 것이다. 이런 식으로 당신이 한 인간 존재를 고찰하면, 우주의 홀로그램을 발견할 것이다. 이런 우주적인 청사진이 바로 인간의 DNA에 있다.

쵸프라 웰빙 센터의 의료 책임자이자 『치유의 지혜』The Wisdom of Healing의 저자인 데이비드 시몬 박사는 이런 식으로 설명한다. "홀로그램은 2차원의 필름에서 재현된 3차원 영상이다. 홀로그램의 독특한 특징은 완전한 3차원적 영상이, 필름의 어느 조각에서나 만들어질 수 있다는 점이다. 모든 부분이 전체를 담고 있는데, 이것이 바로 홀로그램이라 불리는 이유다. 이와 마찬가지로 우리 각자의 내면도 우주의 모든 측면을 담고 있어서, 우주의 물질을 구성하는 힘이 우리

몸의 각 원자에서 발견된다. 또 생명의 전체 진화 역사도 나의 DNA사슬에 담겨 있으며, 내 마음도 표현되었거나 표현될 모든 사고의 잠재력을 담고 있다. 이런 실상을 이해하는 것이야말로 영적 삶의 비결이자 무한한 자유로의 진입로며, 또한 이런 현실을 경험하는 것이 참된 지혜를 위한 필수 조건이다."

타인에게서 보이는 모든 것이 당신에게 들어있다는 점을 이해할 때 당신 삶은 달라질 것이다. 이 책에서 우리 목표는 타인에게서 좋아하거나 미워하는 부분을 내면에서 찾아내 껴안는 것이다. 우리가 부인했던 측면을 되찾으면, 우리 내면의 우주가 열린다. 자신과 화해하면 세상과 저절로 화해하게 된다.

일단 우리 각자가 우주의 모든 특성을 담아낸다는 사실을 수용하면, 자신이 모든 것이 아닌 척하는 걸 멈출 수 있다. 우리는 대부분 타인이 자신과는 '틀리다'고 배웠다. 일부는 자신이 타인보다 낫다고 여기지만, 다수는 자신이 부족하다고 믿는다. 우리 삶은 이런 판단으로 틀에 박혀버린다. 우리로 하여금 "나는 당신과 **틀려**!"라고 말할 수 있게 하는 것도 바로 이런 판단이다. 만일 당신이 백인으로 자랐다면 흑인과는 틀리다고 믿을지 모른다. 흑인으로 자랐다면 아시아인이나 라틴계 사람과는 틀리다고 믿을지 모른다. 유대교인은 자신이 가톨릭교도와 틀리다고 믿고, 우익 보수주의자는 좌익 진보주의자와 틀리다고 믿는다. 우리는 근본적으로 타인과 '틀리다'고 믿도록 각각의 문화가 가르쳐왔다.

또한 우리는 가족이나 친구에게서 편견을 취한다. "넌 뚱뚱하지만 난 날씬하고, 넌 멍청하지만 난 영리하지. 난 비겁하지만 넌 용기가 있고, 난 수동적이지만 넌 진취적이야. 난 얌전하지만 넌 요란해. 그래서 넌 틀렸어." 이런 믿음이 우리가 분리되어 있다는 환상을 유지하며, 존재의 전체성을 끌어안지 못하게 하는 외부 장벽뿐 아니라 내면의 장벽도 창조해서, 우리로 하여금 계속 남을 비판하게 한다.

자신에게 없는 걸 보거나 인식할 수 없다는 진실을 이해하는 것이 열쇠다. 우리에게 어떤 성질이 없다면, 타인에게서 그것을 알아볼 수 없다. 만일 당신이 타인의 용기에 자극이 되었다면, 그것은 당신 내면에 있는 용기의 반영일 뿐이다. 또 누군가를 이기적이라고 간주한다면, 자신도 그 정도의 이기심을 드러낼 가능성이 있다고 확신해도 된다. 물론 이 속성이 언제나 발현되지는 않겠지만, 각자에게는 자신이 알아보는 어떤 성질도 행동화할 능력이 있다. 우리는 홀로그램 세계의 일부이니 자신이 바라보고, 판단하며, 감탄하는 모든 대상이 바로 자기 자신이다. 피부색, 몸무게, 종교에 관계없이 우리는 동일한 보편적 성질을 공유한다. 이런 본질적인 점에서 모든 인간은 같다.

저명한 아유르베다Ayurvedic 의사 바산트 래드Vasant Lad는 "물방울마다 바다가 들어있고, 세포마다 전체 몸의 정보가 들어있다."라고 말한다. 이것의 중대함을 파악해야 우리가 우리 존재의 광대함을 알아보기 시작할 수 있다. 인간의 제반 성질이 같다는 점에서 남성과 여성은 평등하게 창조되었다. 우리에게는 능력·파워·창의력·자비와 탐욕·분노·나약함이 모두 있다. 우리에게 갖춰지지 않은 특성·성질·측면은 없다. 우리에게는 신성한 빛·사랑·명석과 동시에 이기심·은폐·적대심도 있다. 우리는 내면에 온 세계를 품기로 되어 있다. 완전한 인간이 되는 과업에는 우리의 모든 측면에서 사랑과 자비를 찾아내는 것이 들어있다. 인간의 마음이 그렇듯, 우주의 마음도 마찬가지다. 우리는 대부분 '인간이 된다는 것'이 무엇인지에 대한 편협한 비전으로 살고 있다. 우리의 인간성에 보편성을 받아들이면, 쉽게 우리가 소망하는 모습대로 될 수 있다.

『사랑과 자각』Love and Awakening에서 존 웰우드Welwood는 인간의 내면세계를 그려내는 데 성城이라는 비유를 든다. 긴 복도와 수천 개의 방이 딸린 거대한 성이 있다고 상상해보라. 각각의 방에 독특한 선물이 담겨 있으며 완벽하다. 각각의 방은 우리의 다른 측면을 반영하며, 전체적으로 완벽한 성을 구성하는 필수요소이다. 어릴 적에는 부끄러움이나 판단 없이 자신의 성을 낱낱이 탐색했고, 겁 없이 보물이나 신비를 찾으러 모든 방을 뒤졌다. 각방은 모두 독특했기에, 벽장이든 침실이든 욕실이든 지하실이든 모두 환영했다. 성은 빛, 사랑, 경이로움으로 가득했다. 그런데 어느 날 누군가 성을 찾아와 방 하나가 별로라서 당신 성에 전혀 어울리지 않는다고 말하면서, 완벽한 성을 원한다면 그 방을 닫아걸라고 권유한다. 사랑받고 받아들여지기를 원하는 당신은 서둘러 방을 폐쇄한다. 세월이 흐르면서 점점 많은 사람이 당신의 성을 찾아와, 어느 방이 좋고 어떤 방이 싫다는 식으로 나름대로 의견을 피력한다. 그리고 당신은 하나하나 방문을 닫는다. 결국 멋진 방들이 폐쇄되어, 빛은 사라지고, 어둠 속에 놓인다. 이런 식으로 계속된다.

그때부터 온갖 이유로 점점 많은 방을 닫는다. 당신은 불안해서, 혹은 방이 너무 튄다고, 또 방이 너무 고루하다고 여겨져 문을 닫아건다. 다른 성에서는 본 적이 없다고 해서 문을 닫고, 당신이 따르는 종교 지도자들이 특정 방을 멀리하라 해서 문을 폐쇄한다. 세상적인 기준이나 당신의 이상에 맞지 않다면 어떤 문이라도 폐쇄한다.

 그 결과 당신의 성이 무한하게 보이고, 당신의 미래가 활기차고 빛나게 보이던 시절은 지나갔다. 당신도 이제는 모든 방을 똑같이 사랑하고 존중하지 않는다. 한때 당신이 자랑으로 여겼던 방들을 이제는 감추려 한다. 지금은 그 방들을 없애려고 애써 궁리하지만, 한때는 당신 성의 일부 구조물이었다. 다만 당신이 싫어하는 족족 문을 닫다 보니, 어느 날 그 방을 완전히 잊을 만큼 시간이 지났고, 처음에 자신이 뭘 하고 있는지 몰랐겠지만, 이내 습관이 되었을 뿐이다. 성城 전체를 좋아했던 내면의 소리를 신뢰하기보다, 멋진 성은 어때야 할지 가지각색의 의견을 내었던 사람들의 말에 귀를 기울이는 것이 더 편해져 버린 것이다. 방을 폐쇄함으로써 실제로 당신은 편해지기 시작하지만, 곧 몇 안 되는 작은 방에서 살아가는 자신을 발견한다. 이런 식으로 우리가 어떻게 삶을 차단하고, 그것에 편해지는지를 배웠다. 우리 중 다수는 너무도 많은 방을 닫아걸어서 자신이 한때 성이었다는 사실조차 잊어버리고, 결국 손봐야 할 곳이 많은 아주 작고 허름한 주택으로 믿기 시작한다.

 이제 성城을 선하든 악하든 당신의 모든 모습이 생활하는 장소로, 당신 내면을 지구에 존재하는 모든 측면이 존재하는 장소로 상상해보라. 방마다 사랑·용기·우아함·은총 등등의 이름이 붙어 있고, 방의 수는 끝이 없다. 창의력·여성성·정직·성실·건전함·관능미·능력·소심함·증오·욕심·나약함·게으름·무례함·아픔·사악함 등 모두가 당신의 성에 있는 방의 이름이다. 각 방은 성의 구성에 필수적인 부분이며, 정반대의 성질을 지닌 방도 성안 어디엔가 있다. 다행히도, 우리는 자신의 능력보다 못한 존재인 것에 만족하지 못한다. 자신에 관한 이런 불만이 우리에게 성 안의 잃어버린 방을 찾아 나서는 동기를 준다. 우리가 오직 성에 있는 방문을 모두 열어볼 때에야 자기만의 비결을 발견할 수 있다.

성城은 당신 존재의 거대함을 파악하는 걸 돕기 위한 비유이고, 우리의 각자 내면에는 이런 신성한 영역이 있다. 우리가 자기 존재의 전체성을 볼 준비가 되고, 또 기꺼이 본다면 그곳에 쉽게 접근할 수 있다. 하지만 우리는 대부분 그곳에서 무엇이 발견될지 겁먹고 있다. 그래서 흥미와 놀라움으로 가득한 모험을 떠나기보다, 오히려 그 방들이 아예 없다고 계속 거짓말을 한다. 거짓말은 계속된다. 하지만 당신이 진정으로 자기 삶의 방향을 바꾸기를 소망한다면, 성안으로 들어가 여유롭게 모든 방문을 열어야 한다. 당신의 내면세계를 탐구해서 부인했던 모든 것을 되찾아야 한다. 오직 전체적으로 자기가 실현될 때, 장엄한 당신의 진가를 알고서 당신 삶의 전체성과 독특함을 즐길 수 있다.

내가 처음 내면세계를 탐색할 때, 그것은 불가능한 작업으로 보였다. 세상은 엉망이지만 나는 그렇지 않다고, 나는 살인자도 노숙자도 아니라고 생각했으며, 나에게 세상의 모든 성질이 있다는 사실을 진정 파악하고 싶지 않았다. 하지만 내가 그 사람들과는 전혀 다르다고 보았을 때, 나는 착오를 범했거나 일이 꼬였다. 그래서 세상이 어떻게 내 내면에 있을 수 있는지 알아보는 것이 목표가 되었다. 내가 싫어하는 어떤 사물이나 사람을 볼 때마다 "나도 마찬가지야. 그런 속성이 내게도 있지."라고 중얼거리기 시작했다. 처음 한 달간은 나에게서 어떤 '나쁜' 점도 정말 찾을 수 없어 지쳐버렸다.

그러던 어느 날 기차를 타고 가면서 모든 게 바뀌었다. 기차에서 한 여성이 자녀에게 고함치고 있었다. 그녀가 사람들 앞에서 자녀를 야단치는 모습이 흉해 보여서, 나는 절대로 자녀를 저런 식으로 다루지 않는다고 속으로 혀를 찼다. 그런데 내 머리에 작은 음성이 울렸. "만약 네 자녀가 흰색 정장에 초콜릿 우유를 엎질렀다면, 발끈해서 펄펄 뛰었겠지." 갑자기 퍼즐 조각이 딱 맞춰졌다. 당연히 내게도 자녀에게 화를 낼 가능성이 있었지만, 그 사실을 인정하고 싶지 않았다. 그래서 누군가 화내는 것을 보면 공감하기보다는 비판적이었다. 그제야 초점을 나로 돌려서, 각각의 사람에게서 드러난 성질은 그 사람한테 있는 게 아니라 바로 내 내면에 있던 것임을 체득했다. 나는 기차에서 화가 난 그 여성은 아니지만, 바로 그때 그녀가 보여주었던 불같은 성질과 불관용은 나에게도 있다.

나는 내가 평소 아주 엄격히 비판했던 사람들처럼 행동할 잠재성이 있음을 발견했다. 나를 몹시 괴롭히던 타인들의 특성을 경계해야 했음이 명백해졌다. 그 특성들을 내가 닫아걸었던 방들로 알아보기 시작하면서, 나도 일진이 나쁠 땐 자녀에게 고함칠 수 있다는 사실을 인정해야 했다. 그래서 거리의 노숙자를 보면 '만일 나도 가족이 없고 못 배웠으며 직장을 잃는다면 저렇게 될 수도 있지 않을까?'라고 자문했다. 답은 '그렇다'였다. 내 삶의 처지가 바뀐다면 전혀 다르게 할 수도, 될 수도 있음을 아는 건 쉬웠다.

그래서 나는 행복·슬픔·분노·욕심·질투 등 온갖 인격이 되어보려고 노력했고, 뚱뚱한 사람은 특별한 목표였다. 항상 과체중인 아버지가 그 대상이었는데, 갑자기 아버지가 달라 보였다. 나는 마르게 태어났고 신진대사도 빨랐지만, 나도 신진대사가 변하고 먹던 정크식품(칼로리가 높고 건강에 해로운 인스턴트식품— 역주)을 계속 섭취한다면, 살이 찔 수도 있음을 설감했다. 하지만 여전히 내가 어려움을 겪는 영역이 조금 있었는데, 나를 살해자나 강간범으로는 도저히 상상할 수 없었다. 어찌 냉혹하게 사람을 죽일 수 있단 말인가? 만약 어떤 사람이 나나 내 가족을 해치려 했다면 모를까, 잔인하고 파렴치한 범죄라니? 하지만 지금은 아니지만, 만약 내가 13년간 독방에 감금되어 매일 맞는다면, 냉혹하게 죽일 수도 있지 않을까? 답은 '그렇다'였다. 이것이 살인을 용납한다는 건 아니지만, 내가 누구나가 될 가능성을 진실로 인정할 수 있게 했다.

그날 이후부터 상상하기 곤란한 어떤 모습이 있더라도 헤쳐 나갈 수 있었다. 예를 들어, 내가 어찌해야 소아 성도착자가 될 수 있는지 도저히 알 수 없었기에, 어떤 부류의 인간이 어린이와 섹스하고 싶을지 나에게 물어 보았다. 아마도 세상이 두려워서 타락하고 변태적이 된 인간일 거라는 생각이 들었다. 이어서 나 자신에게 "나도 두려워할 수 있을까? 나도 타락할 수 있을까? 나도 변태적이 될 수 있을까?"라고 물었다. 그리고 어린 시절 내게 일어날 수도 있었던 최악의 상황을 상상했다. 만일 내가 어렸을 때 학대와 폭행을 당하고 사랑받지 못하며 살았다면 지금과는 다르게 자랐을 것임을 실감했다. 그런 여건에서는 내가 무엇을 할 수 있고, 할 수 없는지 예측할 방도가 없었다. 남의 입장이 되어보기 전에는 판단하기 어렵다. 비록 일부 이런 특징을 내 것으로 인정하기는 어렵지만, 그럼에도 악마가 내 안에 있을 가능성은 직시해야 했다. 때때로, 당신에게 바로 그 순간에 그런 특성이 있는지가 아니라, 다른 여건에서도 바로 그 특성을 펼칠 수 있는가가 문제다.

 나는 내가 정떨어져 외면했던 온갖 인격이 되어 보았다. 일부는 수용하기가 어려웠고 일부는 오래 걸렸지만, 결국 내 내면에 없다고 말할 수 있는 것은 거의 없었다. 인생을 겪으면서 판단해왔던 내면의 목소리는 시간이 지나면서 조용해졌다. 내 인생을 통틀어 꿈꿔왔던 고요한 마음의 가능성이 이제야 나타나고 있었다. 내가 수용하지 못하는 성질을 나타내는 사람들을 볼 때 심판만 해왔다는 것을 깨달았다. 자랑하는 사람이 보여도, 나 역시 과시하고 싶었기에 이제는 판단하지 않는다. 내가 어떤 행위를 하지 않는다고 분명히 확신할 수 있을 때에만 그 사람에게 화내고 지적한다. 남을 손가락질 해보면 검지만 밖을 향하고 나머지 세 손가락은 자신을 향한다. 이런 점이 우리가 남을 나무랄 때, 우리 자신의 어떤 측면을 부정하고 있을 뿐이라는 사실을 상기하는 데 일조할 수 있다.

 내가 특정 부류의 인간이 되지 않으려고 쏟아 부은 모든 에너지를 자각하자마자, 나 자신의 부분을 감추고 부정한 모든 과정이 거의 우스꽝스럽게 보이기 시작했다. 자신을 전체 우주에 속한 소우주로 보지 않으면, 분리된 개인으로 계속 살아갈 것이다. 해답과 방향을 찾으려고 내면보다는 외부로 눈을 돌리고, 무엇이 좋다 나쁘다 판단할 것이다. 당신과 타인이 실제로 연결되어 있지 않다는 환상을 고수하며, 안전하고 보호받기 위해 가면 뒤에 숨어 지낼 것이다. 하지만 당신이 자기 내면에 있는 우주의 전체성을 받아들이면, 결국 인류의 전체성도 받아들이게 된다.

최근에 나는 마이크·마릴린 부부와 그들의 마케팅 회사를 위한 세미나를 주관하러 콜로라도에 갔었다. 내가 그들 집에 도착하자마자 그들 부부와 감정 이완 작업에 대한 의견을 나누기 위해 아이들과 함께 외출했다. 점심을 먹으면서 우리는 각자 내면에 우주의 전체 모습이 있음을 모두가 알아보는 세상에 사는 것에 관해 멋진 토의를 나누었다. 그들 부부는 이미 홀로그램 이론을 잘 알고 있었으며 열성적이었다. 하지만 식사 후에 우리가 차에 탔을 때, 마이크가 뒤돌아보며 "그러나 내가 알기에는 나 아닌 모습이 조금은 있어요."라고 내게 말했다. 나는 이런 것이 더러는 자기가 모든 것이라고 동의한 후에 흔히 벌어지는 일이라서 놀라지 않았다. 내게도 일어났던 일이었다. 그래서 마이크에게 "뭐가 아닌가요?"라며 물었다. 그는 "전 바보가 아닙니다."라고 대답했다. 나는 마이크가 앞쪽으로 나를 들여다보고 있는 백미러를 바라보며 "당신에게 온갖 것이 있는 한, 당신도 바보입니다."라고 말했다. 일순간 정적이 흘렀다. 마릴린과 아이들은 못 미더워 했다. 내가 그에게 바보라고 말하자 그는 자신이 아는 모든 바보에 대해, 또 어떻게 그들과 다른지 이야기를 시작했다. 그는 자신이 설명하는 사람들에게 너무나 감정적이어서, 나는 이 부분이 그에게 아주 부담스러운 문제임을 알았다.

그의 바보 이야기가 바닥날 때까지 잠자코 있었다. 마침내 내가 "바보들이나 할 만한 짓을 해본 적 없어요?"라고 물었다. 그는 잠시 생각하더니 '있다'라고 대답은 했지만, 다시 자신의 행동이 그가 알던 바보들의 행동과 어떻게 다른지를 길게 늘어놓았다. 그네들이 진짜 대단한 바보라는 것이다. 나는 그에게 심혼psyche의 입장에서 바보는 바보일 뿐이지, 큰 바보와 작은 바보를 구별할 수 없다고 말했다. '바보'란 단어를 그가 너무나 부담스러워했기에, 나는 마이크에게 만일 '바보'를 숙고해본다면 이것이 그에게 무언가 알리는 어떤 신호가 될지도 모른다고 제안했다. 말할 것도 없이 그 순간부터 아주 긴 침묵의 시간이 흘렀다.

　나는 마이크에게 멍청함은 어떤 의미에서 그가 무시해왔던 그의 한 측면이며, 이제 되찾을 기회가 왔다는 내 취지를 최소한 한번쯤 생각이라도 해보라고 또 부탁했다. 어떻게 바보만 빼고 모든 모습이 될 수 있단 말인가? 그리고 어찌 됐든, 바보인 게 무슨 잘못이란 말인가? 나는 그의 아내와 아이들에게, 내가 당신들을 바보라고 부른다면 신경 쓰이는지 물었다. 누구도 이 말에 부담스러워하지 않았다. 또 바보 때문에 기분 나쁜 적 있냐고 물었다. 아무도 없었다.

　집에 도착하자 우리는 차에서 내리려고 따뜻하게 옷을 껴입었다. 나는 기온이 영하 18도나 될 정도로 추운 날씨는 처음이어서, 벌벌 떨면서 현관문이 열리기를 기다리며 얼떨떨하게 서 있었다. 몇 분간 마이크가 주머니 안을 뒤적거리다가 그다음 차 안을 뒤졌다. 마침내 마이크가 우리를 보고 "열쇠를 집 안에 두고 나온 것 같아."라고 말했다. 잠시 침묵이 흐른 후 내가 "영하 18도에 자기 집에 못 들어가게 된 사람을 뭐라고 부르죠?"라고 물었다. 그러자 일제히 "바보요!"라고 고함쳤다. 마이크는 멋쩍게 웃고, 결국 마릴린이 자신의 열쇠를 찾아서 우리를 집 안으로 들였다. 또다시 우주는 내 작업을 거들었다.

몸을 녹인 후, 나는 그가 바보가 되지 않기로 결심했을 때를 찾아낼 수 있는지 알아보려고 마이크와 마주 앉았다. 그는 어릴 때 둔감한 어떤 짓을 저지르고 비웃음을 당했던 기억을 떠올렸다. 그 당시 그는 다시는 되풀이하지 않겠다고 자신에게 맹세했다. 창피하다고 여겼기에, 자신의 성에서 방 하나를 폐쇄했다. 군터 벤하르트Gunther Bernard는 "우리는 자기가 누구인지 잊기로 한 다음, 잊었다는 사실조차 잊는다."라고 말했다.

마이크의 '바보'처럼, 우리가 숨긴 측면들은 지금 우리의 현실에 특히 강력한 영향을 미친다. 그 측면들은 그 나름의 생명력이 있어, '전체 자기'에 수용되고 통합되기 위하여 우리의 관심을 끌고자 항상 노력하고 있다. 마이크는 자신이 부인한 이 측면을 체험할 수 있도록 자기 삶에 무의식적으로 바보들을 계속 끌어들였다. 마이크는 자신의 실수를 용납할 수 없었기에 실수하는 사람들을 모두 바보로 여겼다. 자신의 이런 측면을 미워했기에, 같은 결점이 있는 사람은 누구나 미워했다. 이것은 일할 때 그가 사람을 대우하는 방법에까지 영향을 미쳤다. 그래서 그의 직원들은 그를 까다롭고 때로는 불합리한 사람으로 인식했다.

나는 마이크에게 자신이 부인한, '바보'라 불렀던 그 측면이 선물을 가져왔다고 넌지시 비추었다. 마이크에게 눈을 감고 "바보가 될 때 선물이 뭘까요?"라고 물었을 때, 맨 처음 마음에 떠오르는 단어를 말해보라고 했다. 결심이라고 대답했다. 그는 사람들이 자신을 바보라고 할까 봐 열심히 공부해 훌륭한 학생이 되어, 학교에서 석사학위를 받았고, 회계사가 되었다. 또 자신의 분야에서 항상 최고가 되려고 열심히 일했고, 교육받은 사람답게 각종 최신 정보에 뒤처지지 않았다. 마이크는 자기가 말하고 있는 내용에 적잖이 충격을 받았다. '바보'라는 점이 그로 하여금 인생에서 성취해온 것들을 얻도록 결심하게 해줬다면, 자신의 이런 측면을 기꺼이 용서하고 받아들이지 않겠냐고 제안했다. 그는 잠시 망설이더니 그러겠다고 했다. 물론 나와의 대화를 소화할 약간의 시간은 걸리겠지만.

다음 날 마이크는 훨씬 젊고 생동감 있어 보였다. 이미 40년 가까이 자신의 바보라는 측면을 부인하며 지내왔기에, 그 모습을 인정하고 사랑하는 것이 바람직하다고 아직 확신하지는 못했다. 하지만 다시 긴 대화를 나눈 후에는, 이런 측면을 인정하지 못했기 때문에 바보같이 행동하는 다수 사람을 자기 삶에 끌어들였다는 것을 알 수 있었다. 나는 이것이 영적 법칙(우주는 항상 우리가 자기의 전체성을 끌어안게끔 인도함)이라고 설명했다. 우리는 자기 자신이 망각한 측면들을 비쳐줄 필요가 있다면 누구든지 뭐든지 끌어당긴다.

우리 내면의 측면은 각각 이해와 동정이 필요하지만, 그것을 자신에게조차 주고 싶지 않는데, 세상이 주리라고 어찌 기대할 수 있을까? 우리가 하는 대로 우주도 대응한다. 자기를 사랑하려면 자기 존재의 수준을 각각 충분히 이해하고 함양해야 한다. 내적 자아는 사랑하지만, 외모는 1분 이상 거울로 들여다 볼 수 없는 사람도 있다. 또 어떤 사람들은 겉모습에 온갖 돈과 시간을 들이면서도 결국 내적 모습은 미워한다. 삶의 내·외적인 모든 영역에서 의식적으로 도약할 수 있도록 전체 모습에 빛을 비춰 드러낼 때가 왔다. 이제는 자기가 자신의 우상이 될 때다. 당신의 각 부분마다 나름의 장점이 있다. 자신의 모든 모습을 사랑하고 끌어안을 때, 비로소 모두를 진정으로 사랑하고 끌어안을 수 있을 것이다.

❋ 실습

집중에 방해가 될 만한 것은 다 치우고 시작하십시오. 메모장, 펜, 크레용이 필요합니다. 긴장을 푸는 데 도움이 될 음악을 들어도 좋습니다. 자, 이제 눈을 감고 천천히 심호흡을 하십시오. 호흡을 활용해서 마음을 조용히 하고 과정에 몰입합니다. 심호흡을 천천히 다섯 번 더 하십시오.

신성한 자기를 만나기

당신 내면의 엘리베이터를 다시 떠올립니다. 엘리베이터를 타고 지하 7층으로 내려갑니다. 문이 열리면 아름다운 정원이 보일 것입니다. 정원을 거닐며 당신을 둘러싸고 있는 꽃들과 나무를 감상합니다. 싱싱한 푸른 잎을 보며 꽃향기에 취해봅니다. 아름다운 날에 새들도 지저귑니다. 하늘빛도 봅니다. 정원에서 느낌이 얼마나 아늑하고 편안한지 기억해둡니다. 잠시 후 정원의 아름다움을 들이마시면서 다시 심호흡을 합니다. 마음에 드는 조용한 곳을 찾아 편안한 명상의 자리를 마련합니다. 부드럽게 휘감기며, 당신을 당당하고 고상하게 하는 옷으로도 꾸밉니다. 앉아서 눈을 감습니다. 한 순간, 자신의 한 측면이 의식 속으로 들어옵니다. 바로 이 측면이 최상의 당신이고, 사랑·자비·파워·힘으로 넘치는 진정한 당신의 전체이며, 신성한 자기입니다. 당신의 자각 속으로 완전히 진입하기 위해 이와 같은 장대한 존재를 초대하십시오. 평화와 조용함, 집중과 충만함을 느끼면서, 잠재력을 최고로 구현하는 당신 자신을 그려봅니다.

이제 '신성한 자기'에게 옆에 와서 앉으라고 권합니다. 신성한 자기의 손을 잡고 눈을 직시하며, 이번 1주일 동안 자신을 인도하며 보호해 줄지를 묻습니다. 그다음 가슴을 열고, 그동안 깨끗이 털어버리지 못한 묵은 감정의 독소들을 없애기 위해 해야 할 일들이 무엇인지 묻습니다. 이제 신성한 자기를 끌어안고, 와줘서 고맙다는 인사를 하며, 자주 방문하겠다는 약속을 합니다.

이제 눈을 뜨고 메모장에 당신의 경험을 적으십시오. 무엇을 보았는지, 정원이 어떠했는지, 어떻게 보고 느꼈는지. 또 당신의 신성한 자기는 무엇처럼 보였습니까? 신성한 자기는 무슨 말을 했습니까? 천천히 하십시오. 더욱 많이 쓸수록 당신을 통하여 발현될 지혜도 많아질 것입니다. 그리고 종이 한 장과 크레용을 꺼내어 신성한 자기를 그리십시오. 그림 그리기 대회가 아니니, 당신이 그린 그림이 어떻게 보일지에 염려하지 마십시오. 최소한 5분 동안은 그림을 그릴 시간을 가지십시오.

그림자 만나기

눈을 감고서 심호흡을 아주 천천히 다섯 번을 합니다. 다섯을 세면서 숨을 들이마시고, 무리하지 않고 최대로 멈췄다가, 가능한 한 천천히 내쉽니다. 호흡을 활용하여 마음을 고요히 하고, 의식 속으로 깊이 들어갑니다. 엘리베이터를 타고 지하 7층으로 내려간다고 상상합니다. 문이 열리면 어둡고 음침한 곳이 눈앞에 펼쳐집니다. 최악의 환경을 상상합니다. 여기저기에 악취, 오물, 쓰레기가 있습니다. 쥐, 뱀, 바퀴벌레, 거미가 득실거리는 동굴일지 모릅니다. 다시는 가고 싶지 않은 그런 곳을 불러냅니다. 이런 장소를 창조해낸 후, 천천히 심호흡을 계속하고, 그다음 구석에 있는 지지리도 궁상맞은 당신 자신을 내려다봅니다. 마음에서 최악의 모습을 떠올린 뒤, 그런 자신이 어떤 모습이고, 어떤 냄새가 나고, 어떤 기분이 드는 지를 살피고 느껴봅니다. 이제 이런 인물을 묘사할 한 단어를 마음에 떠올립니다. 그 인물을 오랫동안 충분히 살펴보며 대화를 나누었다면 눈을 뜹니다. 아까 떠올린 단어와 당신이 상상 속에서 경험했던 모든 것을 기록하십시오. 최소 10분은 할애해서, 당신이 이 체험에 관해 생각하고 느낀 점이 무엇이든 의식적으로 표현하십시오.

그림자를 끌어안는 신성한 자기

눈을 감고 신성한 정원으로 돌아갑니다. 실습을 할 수 있도록 편안하고 신성한 분위기를 조성합니다. 호흡을 활용하여 마음을 고요히 하고, 의식 속으로 깊숙이 들어갑니다. 내면의 엘리베이터를 타고 지하 7층으로 내려가 정원으로 갑니다. 정원을 거닐며 그 아름다움을 흠뻑 취합니다. 주위 환경이 생생한 실재로 느껴지면 명상의 자리를 찾습니다. 아늑하고 편안해지면 신성한 자기의 이미지를 앞에 떠올립니다. 신성한 자기의 빛을 몸에 쬐는 걸 상상합니다. 그 이미지가 명확해지면 어둠, 즉 당신의 그림자 측면으로 들어가서 그것을 불러냅니다. 신성한 자기에게 와서 그림자 자아를 끌어안기를 요청합니다. 모든 걸 사랑하는 당신의 부분이, 무섭고 어둡고 사랑받지 못하는 부분을 팔을 벌려

안습니다. 당신의 그림자에게 사랑·친절·용서를 보낸다고 상상합니다. 이 어두운 측면에게 "너는 안전하다. 나는 너를 사랑하는 방법을 이해하고 터득하면서 지내려고 한다."라고 말합니다. 필요한 만큼 시간을 충분히 들이고, 그림자 자아를 받아들이고 싶지 않아도 포기하지 마십시오. 될 때까지 매일 해보십시오. 가끔 잘 안될 때에는 중단하고, 곧바로 아니면 10분 후에 두 측면에게 인사하고 당신 방으로 돌아오십시오.

이제 종이와 크레용을 꺼내 당신이 경험한 것을 그려봅니다. 최소한 5분 정도는 이런 시간을 들여야 합니다. 그다음 메모장을 꺼내 명상한 것과 그린 그림에 대해 10분 정도 적어보십시오.

4장 투사 : 내가 될 기회

　투사Projection는 우리가 대부분 학교에서는 배우지 못한 매력적인 현상이다. 그것은 자기 자신이 의식하지 못하는 습성을 타인에게 무의식적으로 전이轉移해서, 이런 성질이 실제로 타인에게 존재하는 듯이 보이게 하는 것이다. 우리가 자신의 성격에서 용납할 수 없는 부분이나 감정에 대해 불안해 할 때, 우리는 이런 성질을 (방어 기제로서) 외부 대상과 타인 탓으로 돌린다. 예를 들어, 우리는 타인에게 약간의 관용조차 없다면, 자신의 열등감을 남 탓으로 돌리는 것 같다. 물론, 우리의 투사를 초래하는 '고리'는 언제나 있기 마련이다. 타인의 어떤 완벽하지 못한 성질은 우리의 관심이 필요한 자기 자신의 일부 측면을 활성화해서, 우리는 자기 자신에 관해 인정하지 않는 것이 무엇이든 타인에게 투사한다.

　우리는 오직 자기가 되어있는 대로 본다. 나는 에너지라는 용어를 선호한다. 가슴에 각기 다른 전기 플러그 100개가 있다고 상상해보자. 각각의 플러그는 다양한 성질을 가리킨다. 우리가 인정하고 받아들이는 성질의 플러그에는 덮개가 있어서, 전기가 흐를 수 없어 안전하다. 그러나 우리가 아직 인정하지 않는 성질의 플러그에는 인력이 있어서, 타인이 출현해서 이런 성질 중 하나를 행동화할 때, 우리의 플러그는 그들의 콘센트에 곧바로 꽂힌다. 예컨대, 우리가 자신의 화를 부정하거나 거북해한다면, 우리는 자신의 삶에 화난 사람들을 끌어들일 것이다. 우리는 자기 자신의 화난 감정을 억누르고, 우리가 보는 사람들을 화난 것으로 판단할 것이다. 우리는 자신의 내면 느낌들에 대해 자기 자신을 속이므로, 그것을 찾을 수 있는 유일한 방법은 타인에게서 그것을 보는 것이다. 타인들은 우리의 숨겨진 감정과 느낌들을 비춰주고, 그런 방법은 우리가 그것들을 인정하고 되찾을 수 있게 해준다.

우리는 본능적으로 자신의 부정적 투사에서 뒤로 물러나며, 불쾌한 쪽보다 끌리는 쪽을 검토하기가 더 수월하다. 만일 내가 남의 교만에 성질이 났다면, 그것은 자신의 교만을 받아들이지 않았기 때문이다. 이것은 내가 현재 내 삶에서 드러내고 있지만 알아보지 못하거나, 또는 미래에 내가 드러낼 수 있음을 부정하는 교만함이다. 만일 내가 교만함 때문에 기분이 상했다면, 내 삶의 모든 영역을 자세히 들여다보고, 자신에게 다음 질문을 해볼 필요가 있다. 나는 과거에 교만했던 적이 있는가? 현재 교만한 존재인가? 미래에 교만할 수 있는가? 진정으로 자신을 직시하지 않거나, 타인들에게 이제까지 내 교만함을 경험한 적이 있는지 물어보지 않고, 이 질문에 '노'라고 대답한다면 나는 분명히 교만한 것이다. 타인을 판단하는 행위는 교만함이기에, 분명히 우리 모두에게는 교만해질 여지가 있다. 하지만 나의 교만함을 받아들인다면, 나는 타인의 교만 때문에 불편하지는 않을 것이다. 내가 그 교만을 알아보긴 하겠지만 그 교만이 나에게 영향을 주지는 않을 것이다. 나의 교만 플러그에는 덮개가 있을 것이다. 당신이 타인의 행위에서 감정적 부담을 받게 되는 것은, 당신이 자신을 속이거나 자신의 일부 측면을 미워할 때뿐이다.

처음으로 내가 세미나를 주관했을 때 나는 경직되어 있었다. 매주, 나는 그룹 앞에 서고 자연스럽게 행동하려고 필사적으로 노력했다. 내가 호감을 받지 못할 것이라는 두려움 때문에 믿음직한 존재가 되는데 심혈을 기울였다. 그런데 오클랜드에서 세미나를 주관할 때 참가자 중 $\frac{2}{3}$가 흑인이었다. 나는 새로운 공동체를 접한다는 사실에 흥분해 있었고, 참가자들의 목표에 맞춰 헌신적으로 지원했다. 내가 세 번째 세미나를 진행하려 할 때, 아를린이라는 여성이 일어나서 목소리에 날을 세우고 이야기를 시작했다. 그녀가 이야기를 시작하자마자, 내 내면 깊은 데서 격렬한 느낌이 일어났다. 너무 화가 나서 그녀의 말을 제대로 듣지도 못했다. 만약 그녀가 하려는 짓의 의도가 나를 힘들게 만드는 것일 뿐이라면 그녀는 입 닥치고 앉아 있어야 한다고 나는 생각했다. 내가 참가자에게 격한 반응을 보이는 것은 보기 드문 일이었다. 나는 기분이 엉망인 채 집에 가서 그녀에게서 보았던 나의 성질(비열함, 분노, 공격성, 천박함)을 껴안으려고 애썼다.

그다음 4주 동안, 내가 세미나를 진행할 때마다 아를린은 일어서서 짐짓 겸손한 척하며 은근히 무례하게 굴었다. 나는 그녀가 이렇게 나를 화나게 하는 이유를 알아내려고 애쓰면서, 대부분의 휴식 시간을 보내고 있었다. 아무리 애써도 그녀에 대한 판단을 멈출 수가 없었다. 절망에 빠져있던 어느 날, 나는 세미나 일로 친하던 수잔에게 전화해서 아를린이 왜 나를 미워하는지 모르겠다고 하소연 했다. "데비, 그녀에게 신경 쓰지 마. 단지 인종 차별주의자야." 전화를 끊고 나서, 무력해지고 속이 메스꺼워졌다. 나는 즉각 "난 인종 차별주의자가 아니야." 라고 단언했다. 나는 내 삶에서 흑인 친구들에 대한 어린 시절의 기억이 전부 떠올랐다. 그들에게 헤엄치는 법을 가르치고, 함께 뛰놀던 기억을 떠올렸다. 나는 아버지가 플로리다에서 최초로 법률 파트너로 흑인과 함께 일하며 인권을 위해 어떻게 싸웠는지도 기억해냈다. 그래서 나는 내가 인종 차별주의자가 아니라고 확신했다.

그날 밤, 내가 침대에 누워 다음 세미나에 관해 생각하는데, 내게 "그 여자는 인종차별주의자일 뿐이야."라는 수잔의 말이 들렸고, 내 귓속에 그 말이 계속 맴돌았다. 내가 막 잠이 들려는데, 머릿속에서 음성이 물어온다. "맨 처음 아를린이 일어나서 너를 힘들게 했을 때, 속으로 그녀에게 뭐라고 했지?" 갑자기 나는 가슴이 꽉 막혔고, 최악의 상황이 두려웠다. 내가 기억해낸 생각은 '이 멍청한 깜둥이 미친년'이었다. 이 말이 몸에서 울렸다. 나는 '이건 있을 수 없어, 난 인종 차별주의자가 아니야. 이런 생각이 나 같은 사람에게는 떠오르지 않을 텐데, 진심일 리가 없어.'라고 생각했다. 두려움으로 가슴이 두근거렸다. 하지만 나는 홀로 앉아서, 나 자신의 인종 차별주의 상태에 직면했다. 이것이 나의 그림자였다.

오클랜드에서 나를 사랑하고 신뢰하던 그 친구들을 내가 배신했다고 자책하면서, 부끄러움에 몇 시간을 울었다. 그래도 내가 무슨 생각을 했든지 '나는 인종 차별주의자다.'라고 인정할 수 없었다. 나에게 모든 특성이 있다는 믿음마저 사라졌다. 나는 "나는 인종 차별주의자다, 나는 인종 차별주의자다."라며 거울 앞에서 몇 시간을 보내면서, 나의 이런 부분을 받아들이고, 다소 위로를 얻으려고 노력했다.

내가 그 말을 반복할수록 더 편해졌다. 이 말 어디에서인가 선물이 있다는 걸 알고서, 나는 그것을 찾기 시작했다. 그제야 나는 아버지가 평등한 권리에 관해, 우리가 모두 평등하다는 점을 체득하기 전에는 아무도 자유로울 수 없다는 것에 관해 끊임없이 말씀하신 사실을 기억해냈다. 아버지의 이런 열정은 나의 열정이 되었다. 나는 내가 인종 차별주의자가 되기를 원치 않았던 것이 오히려 나에게 흑인들과 관계 맺기를 열심히 하도록 떠밀었음을 알았다. 또한 그것은 나에게 차별당하는 사람들을 도와야 한다는 책임감을 확고하게 했다. 이 일이 벌어졌던 당시, 나는 주로 미성년 복역수들의 변화를 돕는, '교도소의 장래' Prison Possibilities라는 단체의 기금 증진에 활발히 참여했었다. 내가 마침내 '인종 차별주의자'라는 관념을 받아들였을 때, 목에 감겨 있던 30kg의 쇠사슬을 벗어 던지는 것처럼 느꼈다.

다음 날 나는 완전하고 희망찬 느낌으로 세미나를 시작했다. 세미나 도중 아를린은 매주 했던 대로 손을 들었다. 나는 주저하다가 아를린이 이야기하게 했다. 우리는 다음번 세미나에 대해 이야기를 나누고 있었기에, 나는 그녀가 무슨 말을 할지 상당히 예민해 있었다. 나는 모든 이가 계속 참가하기를 원했다. 아를린은 일어서서 미소 지으며 "굉장한 세미나였어요."라고 시작하면서, 우리에게 자신이 체험한 획기적인 도약을 이야기했다. 아를린이 앉고 나서, 나는 깜짝 놀랐다.

나는 아를린의 행동에 생긴 극적인 변화를 생각하며 숙소로 차를 몰았다. 나는 너무 들뜨지 않으면서, 다음 주를 기다렸다가 일이 어떻게 돌아갈지 지켜보기로 했다. 그다음 주에 나는 세미나를 진행하면서 아를린이 손을 들기를 기다렸다. 아니나 다를까 아를린은 일어나서 이 세미나가 자기 삶에 깊은 변화를 일으킨 점에 다시 한 번 감사를 표했다. 게다가 내가 오클랜드 지역 공동체에 이바지하고 헌신했다는 점에도 고마움을 표했다. 저녁 늦게 나는 몇몇 사람과 대화를 나누려고 머물렀다. 나는 친구들과 담소를 나누기 위해 바싹 다가서는 아를린을 곁눈질로 볼 수 있었다. 나는 그녀에게 다가가 눈을 바라보며, "어떻게 된 거죠?"라고 물었다. 아를린은 나를 보며 말했다. "나도 모르겠어요. 지난주 나는 당신에게 반했을 뿐이에요."

이 체험은 내 삶을 바꾸었고, 당신이 자기 내면의 성질을 껴안을 때, 같은 성질을 지닌 타인에게 더는 꽂히지 않으리라는 점이 나를 통해 단번에 입증됐다. 그때서야 타인들은 당신을 자유롭게 체험하고, 당신도 그들을 자유롭게 체험한다.

켄 윌버는 『그림자와의 만남』Meeting the Shadow이라는 책에서 탁월한 구별법을 제시했다. 그가 말하길, "에고 수준*에서 투사는 매우 쉽게 인지된다. 만약 주변의 사람이나 사물이 우리에게 '정보'를 준다면, 우리는 필시 투사하고 있지 않다. 반면에, 만약 그것이 우리에게 '영향'을 준다면, 우리는 자기 투사의 희생자가 될 가능성이 있다." 만약 당신이 진실로 이것을 이해한다면, 절대 다시는 세상을 같은 방식으로 바라보지 않을 것이다. 예를 들어, 만약 누군가 당신 곁을 지나며 길에 침을 뱉는 걸, 당신이 인지했지만 반응하지 않는다면, 그것은 아마 당신의 작업이 필요한 대상은 아니다. 그러나 만일 당신이 화가 나고 '어째 인간이 저렇게 천하고 역겨울 수 있지?'라고 생각한다면, 투사하고 있다. 당신은 지금 어떤 역겨운 행동을 하고 있거나

☀ Ego Level : 페르소나 수준의 다음 단계이며, 투사된 그림자와 접촉하고 그것을 다시 소유함으로써 빈약한 페르소나로부터 건전한 에고로 정체성을 확장시킨 상태.

과거에 그런 행동을 드러냈을지도 모른다. 어떤 이유 때문에 역겨운 행동이 당신에게 걸리기에, 당신은 침을 뱉는 사람의 행동에 '영향'을 받는다. 이 모두가 당신의 어린 시절에 시작되었을지도 모른다. 아마 당신이 실제 침을 뱉어서 누가 '역겨워'라고 말했을 수 있다. 어쩌면 당신의 가족 중 누가 침을 뱉어서 타인들이 부정적 태도로 반응했을 수도 있다. 어쨌든 당신은 이 같은 행동을 절대로 하지 않기로 결심하고, 자신의 이런 측면을 의식으로 깊이 밀어 넣었다. 만약 침을 뱉은 바로 그 사람이 당신에게 영향을 끼친다면 그것은 당신 내면에 경종을 울리는 방아쇠임이 틀림없다. 이런 경종이 당신의 어두운 면을 밝혀내는 것의 실마리다. 이런 점을 마음에 새기면 당신은 감정적으로 자신에게 영향을 끼치는 것을, 자신에게 숨겨진 측면을 되찾을 기회를 제공하는, 성장을 위한 촉매로도 바라볼 수 있다.

이 지점에서 많은 분이 "이건 우스운 짓이야. 난 내가 역겹거나 건방지다는 점을 파악하고 싶지 않아."라고 말할지도 모르지만, 당신은 이들 각각의 측면에 선물이 있음을 기억해내야 한다. 하지만 선물을 받기 위해서 당신은 먼저 이 측면들을 밝혀내고 인정하고 껴안아야 한다. 수피의 현자 나스루딘Nasrudin과 토론하기로 약속한 철학자에 대한 이야기가 있다. 철학자가 약속 시간에 나스루딘의 집에 도착했을 때 집이 비어 있었다. 격노한 철학자는 백묵 조각을 집어 들어 대문에 '바보 멍청이'라고 썼다. 나스루딘이 돌아와 이것을 보고는 곧바로 그 철학자의 집으로 달려갔다. "당신을 초대한 걸 깜빡 잊었소. 약속을 못 지켜 미안하오. 그런데 대문에 써놓은 당신 이름을 보고서야 약속이 기억났지 뭐요."

타인의 행동을 둘러싼 우리의 분노는 보통 자신의 미해결 측면에 관한 것이다. 우리가 타인에게 말하고 비판하고 충고할 때 자신이 내뱉는 모든 말을 귀담아 듣고 나서, 바로 그것의 방향을 바꾸어 자신에게 돌려야 한다. 그 철학자는 '버릇없는 멍청이', '경망스런 거짓말쟁이', '험담하는 겁쟁이'라는 말을 아주 쉽게 써버렸다. 한편 그는 완전히 다른 결론에 도달할 수 있었고, 나스루딘이 사고로 다쳤거나 혹은 병이 났을지 걱정했을 수도 있었다. 그러나 나스루딘이 집에 없었을 때 그가 떠올린 말은 '바보 멍청이'였다. 우리에게 보호막이 없는 특성이 있을 때, 우리는 자신이 부정하는 측면을 인정하고 받아들이는 것을 돕기 위해 우리 삶으로 사건들을 끌어당긴다. 나스루딘의 부재 빼고는 어떤 사실도 고려하지 않았던 그 철학자는 자신이 받아들이지 못한 '바보 멍청이' 특성을 나스루딘에게 투사했다.

우리는 타인에게 자신이 인식한 결점을 투사한다. 우리는 자신에게 말해야 할 것을 타인에게 말한다. 우리가 타인을 판단할 때 자신을 판단하고 있다. 당신이 빈번히 부정적 생각들로 자신을 때린다면 당신은 주변 사람들을(말로, 감정적으로, 물리적으로) 때리거나 자신의 삶의 어떤 영역을 파괴함으로써 자신을 때릴 것이다. 당신의 생각·말·행동에는 우연은 없다. 당신이 창조한 삶에 우연은 없다. 이 홀로그램 세계에서, 모든 사람이 곧 당신이고, 당신은 항상 당신 자신에게 말하고 있다.

당신이 누군가의 실수 때문에 욕할 때, 멈추어서 당신은 자신에게도 똑같이 욕하는지 생각해보라. 만약 당신이 정직하다면 그 대답은 항상 '그렇다'일 것이다. 세상은 우리 자신의 내면을 항상 비춰주는 거대한 거울이다. 모든 특성은 나름대로 존재 이유가 있고, 그 나름의 방식에서는 완벽하다.

얼마 전 나는 내가 아는 모든 사람에게 얼마나 자주 또 얼마나 오래 명상하는지 묻고, 매일 명상하고 적어도 30분을 내면으로 가는 데 보내라고 하면서, 그것의 중요성을 그들에게 다짐받으려 한다는 사실을 알아챘다. 급기야, 나는 자신에게 왜 내가 타인의 명상 수련에 그리 강경한지 자문했다. 내가 나의 동기를 점검해보니, 종종 나 자신도 명상 수련을 건너뛴다는 사실을 알아차렸다. 나의 일부분은 더 많은 시간을 내면으로 가서 고요히 있길 갈망하고 있었다. 나에게 세 살배기 아이가 있었으므로, 나는 내가 매일의 명상을 건너뛸 때마다 괜찮다고 어떻게든 합리화했다. 내가 들어야 할 것을 타인에게 말하고 있을 뿐이라는 사실을 깨달았을 때, 나의 투사를 거둬들이고 내 무의식의 소망을 존중할 수 있었다. 나는 좀 더 충실히 명상하기 시작했고, 자신에게 필요한 것을 남에게 강요하는 짓을 멈추었다. 이런 것이 내가 종종 "당신 자신의 훈계를 경청하라."라고 말하는 이유다. 내가 사람들에게 명상하라고 말하는 내 동기를 점검했을 때에야, 나 자신의 필요를 알아보았다.

그림자는 종종 그것들을 찾아내기가 거의 불가능하게끔 우리에게 꼭꼭 숨겨져 있다. 투사 현상이 아니라면 그것들은 평생 숨겨진 채로 있을지도 모른다. 일부 사람은 서너 살이 되었을 때 이 특성들을 감추기도 한다. 어릴 때 동전을 감추며 놀던 생각을 해보라. 20, 30, 또는 40년 후에, 동전을 숨겼던 곳은 말할 것도 없이 사건 자체의 기억도 거의 못 할 것이다. 우리가 타인들에게 투사할 때 결국 그동전을 찾아낼 기회가 우리에게 주어지게 된다.

댈러스에서 조카가 방문할 때, 나는 언제나 먹을거리에 신경을 많이 써서, 식당에 가면 저지방 음식을 선택하도록 조종한다. 게다가 그들이 과하게 먹었다고 여겨지면, 좋아하는 디저트를 주문하지 못하게 통제하며, 나중에 저지방 디저트를 먹도록 한다. 최근에 조카들이 왔을 때, 주방에서 우리가 가족에게 투사하는 것에 관해 이야기를 나누었다. 방을 옮겨, 누가 부정적 투사를 받을 영예를 누릴지 서로 재미있는 얘기를 많이 나눴다. 내 차례가 되어서, 조카들의 식습관에 대한 강박관념이 오히려 나의 투사임을 그제야 깨달았다. 나는 건강하지 못한 내 식습관에 불만이 있었기에, 그들이 올 때마다 내가 아니라 그들에게 모든 문제가 있는 척 했다. 내가 본래 키가 크고 야위어서, 제대로 먹지 않을 때조차 그런 척할 수 있지만, 그들의 문제가 아니라 나의 문제임을 체득하자마자, 나는 진짜 문제를 해결할 수 있었다. 이것은 조카들과 더욱 밀접한 관계를 맺을 기회를 마련해 주었다. 비로소 그들이 무얼 먹든지 나에게 문제가 되지 않았다. 우리는 바로 외출하여 단란한 시간을 보냈다.

당신은 자신이 제대로 작동하지 않는다고 생각하는 삶의 영역을 정확히 직시할 수 없지만, 자신이 잘못 생각한 모든 경우를 찾고 싶어 한다. 내가 빈번히 대면하는 내담자들의 '숨겨진 문제'는 일부 측면에서 자신의 부모처럼 되는 것을 필사적으로 회피하려고 애쓰는 경우다. 만약 어머니가 엄했다면, 당신은 관대해질지도 모른다. 가난하게 자랐다면, 당신에게 부자가 되려는 강한 충동이 있을지도 모른다. 부모가 권위적이었다면, 당신은 수동적이거나 타인들의 행동에 너무 관대할지도 모른다. 아버지가 불성실했다면, 당신은 매우 성실해질지도 모르며, 부모 중 한 분이 게으르다면, 당신은 일벌레가 될지도 모른다. 계속 예를 들 수도 있지만, 요지는 부모에 대한 반항reaction에서 하는 행위acting는 종종 위장일 뿐이라는 것이다.

내담자 중 한 사람인 홀리는 그녀의 아버지가 인색하다는 이유로 그를 미워했다. 홀리는 성인이 되어 가족들에게 엄청난 선물을 사줌으로써 애써 인색하지 않으려 했으며, 저녁 식사에 친구를 항상 밖으로 초대했고, 과시하려고 자신이 모두 계산했다. 그녀는 자신이 후덕하다는 점을 자랑으로 여겼다. 내가 홀리에게 아버지를 용서하고 분노를 풀기 위해서, 인색해지려는 자신의 충동을 받아들일 필요가 있다고 말해주었을 때, 그녀는 자신을 그런 방식으로 보는 걸 내켜하지 않았다. 몇 주 동안 우리는 홀리의 삶에 대해 토의했는데, 그녀는 자신의 후덕함에만 주목하고 있었다. 그러던 어느 날, 홀리가 슈퍼마켓에서 내게 전화를 걸었다. 그녀가 몇 푼을 아끼려고 그곳에서 거의 한 시간 동안 물건을 고르면서 물건마다 값과 양을 비교하고 있다는 사실을 자각한 것이다. 50만원이나 하는 스웨터는 망설이지 않고 사지만, 200원을 아끼려고 화장지 구매를 망설이는 자신의 모습에 충격 받았다. 그제야 비로소 홀리의 마음에 종이 울렸다. 단지 다른 방식으로 아버지와 똑같이 인색한 자신을 실감했다. 자신의 이런 측면을 알게 된 그 충격으로 한참 눈물을 흘렸다. 아버지처럼 되지 않으려고 그렇게 많은 에너지를 낭비했다. 오랫동안 인색해지려는 충동을 숨겨왔지만, 그때에야 비로소 그 충동이 그녀의 내면에 명명백백히 있음을 알았다.

얼마 후 홀리는 인색함의 선물을 고맙게 여길 수 있었다. 그녀에게

'인색'은 미래를 계획하고, 노후 자금을 준비하기를 원하는 자신의 부분으로 밝혀졌다. 그때까지 아버지를 닮지 않으려는 강박증 때문에 돈을 모을 수 없었던 홀리는, 아버지를 더 깊이 받아들일 수 있었고, 부녀 관계는 예전보다 훨씬 돈독해졌다.

 삶의 어느 순간에라도 원하는 것은 누구든 무엇이든 선택할 수 있는 것이 자유다. 싫어하는 것을 피하기 위해 어떤 특정 방식으로만 행동해야 한다면, 이미 덫에 걸려 있는 것이며, 자유를 제한하고 전체성을 빼앗는 것이다. 당신이 여유롭지 않다면, 자유로울 수도 없다. 또 화나는 일이 발생했는데도 화내지 않는다면, 자유로운 게 아니다. 상반된 것으로 어떤 사람의 행동에 대응한다면, 자신을 점검해보라. 특정 집단이 늘 당신에게 골칫거리라면, 그들처럼 될 방법을 찾아보라. 우리는 타인에게 부정적 특성뿐만 아니라 긍정적 특성도 투사한다. 내가 함께 일하는 사람들도 대부분 그들의 천재성·창의력·능력·성취를 투사하는데, 만일 당신도 타인처럼 되고 싶다면, 당신 내면에 그들처럼 될 능력이 있기 때문이다. 만일 어느 대스타에게 매혹되어 그들의 활동에 관한 읽을거리에 시간과 돈을 들이고 있다면, 당신이 좋아하는 그 측면을 자신의 내면에서 찾아보라.

 당신이 알아보고 진심으로 소망하는 것은 무엇이든 향유할 자격이 있다. 당신과 당신이 선망하는 사람들 사이의 유일한 차이는, 그들은 당신이 소망하는 그 성질을 구현해내서 자신의 꿈을 실현한다는 사실이다. 당신이 자신의 잠재력을 발휘하지 못할 때, 그것을 모두 발휘하는 사람에게 자신의 긍정적 특성을 투사하기 쉽다. 당신이 꿈과 목표를 실현하기 시작한다면, 타인의 활동에 관심이 줄어들 것이다. 우리는 각자 자신만의 영웅이 될 필요가 있다. 그렇게 하는 유일한 방법은 우리가 꽂혀서 타인에게 줘버린 부분을 되찾는 것이다.

나는 1년 정도 마이애미에서 '그림자 과정'을 주선한 레이첼이라는 친구와 함께 일했다. 그녀는 생기발랄하고 아름다우며 밝고 다재다능하다. 레이첼은 나와 같이 있을 때면 야단법석을 떨며, 언제나 나를 추켜세우며 찬사를 보낸다. 내가 얼마나 명석하고, 재능 있고, 아름다운지 쉴 새 없이 얘기한다. 레이첼이 나를 좋아하고 존중하는 것은 알지만, 그녀의 명석함·다재다능함·아름다움을 나에게 투사하고 있다는 것도 안다.

나는 투사의 과정을 잘 알기에 나에게 혹하는 레이첼을 뿌리쳤다. 그보다 그녀가 부인하던 명석함·다재다능함·아름다움을 되찾게끔 유도했다. 여러 번 대화 후 그녀는 자신에게 부족한 성질이 내게 있다고 믿는다는 사실이 분명해졌다. 그렇지 않다고 그녀에게 확신을 주면서 나에게 있다고 여기는 측면을 탐색해서 말해보라고 요청했다. 어떤 이가 타인의 행동에 부정적이든 긍정적이든 감정적으로 영향을 받을 때 투사가 일어난다는 것을 우리는 알고 있다. 이런 경우, 레이첼은 나의 긍정적 특성에 영향을 받아, 나에게서 어떤 능력을 보았고, 나는 그녀의 거울이었다. 아직 그녀는 자신이 동경하는 잠재력을 발휘하지 못하니, 나를 통해서 자신의 '밝은 그림자'를 볼 수 있을 뿐이다. 내가 떠난다면 레이첼의 이런 부분은 사라지기에, 그런 태도가 레이첼에게 어려운 상황으로 남겨진다. 그녀는 투사할 타인을 찾을 때까지 어둠 속으로 돌아간다. 그녀에게 영향을 끼치는 나의 성질은 그녀도 실현 가능한 자기 이미지일 뿐이다.

우리가 자신에게 존재하는 어떤 특성을 부정하는 한, 우리는 자기에게 없는 게 타인에게 있다는 통념에서 빠져나올 수 없다. 누군가를 흠모할 때, 그건 머지않아 우리가 또 다른 측면을 찾아낼 기회다. 우리는 부정적 투사뿐만 아니라 긍정적 투사도 거둬들이고, 남에게 꽂혔던 눈길을 거두고 방향을 돌려서 자기에게 다시 꽂아야 한다. 투사를 멈출 수 있기까지는 자기 잠재력을 완전히 알고 '자기가 진정 누구인지'의 전체성을 체험하는 것은 불가능하다.

만일 내가 마르틴 루터 킹의 용기에 감동했다면, 내 삶에서도 표현할 수 있는 용기를 그만큼 보고 있기 때문일 뿐이다. 내가 오프라 윈프리의 설득력에 감동했다면, 내 삶에서도 발휘할 수 있는 설득력을 그만큼 보고 있기 때문일 뿐이다. 사람들은 대부분 자신의 위대함을 투사한다. 이것이 유명 배우와 운동선수가 많은 돈을 버는 이유다. 우리는 그들에게 우리의 영웅이 되어 우리가 실현하지 못한 꿈과 소망을 실연實演하라고 돈을 지불하고 있다. 그들의 사생활은 알지도 못한 채 스타를 부러워하면서, 자신의 삶을 회피하는 수단으로 선망의 대상에 빠져 길을 잃는다. 불편한 진실은 자기 자신의 측면을 영웅에게 투사하고 있다는 것이다. 만일 당신이 위대함을 본다면 그건 자신이 보고 있는 자기만의 위대함이다. 눈을 감고 사색하라. 만일 당신이 다른 인간 존재의 위대함을 흠모한다면, 그건 자신이 보고 있는 자기만의 위대함이다. 당신이 그것을 다른 방식으로 구현할 수도 있지만, 내면에 위대함이 없었다면 타인의 그런 성질도 알아볼 수 없다. 당신에게 그런 성질이 없었다면 그것에 끌리지도 않았을 것이다. 누구나 자신의 측면을 투사하고 있기에 타인을 실제와는 다르게 본다. 우리를 고양하는 타인의 속성을 분별해내고, 우리가 주어버린 측면을 되찾는 것이 자신의 일이다.

사람들은 종종 자신이 흠모하는 대상과 자신의 현재 삶의 모습이 너무나 달라 보이는데 어떻게 그들처럼 될 수 있을지 궁금해 한다. 예컨대 누군가 미켈란젤로를 흠모하지만, 확실히 그와 같지 않다고 말할 수는 있다. 하지만 사람들은 진정으로 그처럼 되고 싶게끔 고양하는 바로 그 성질에 초점을 맞출 필요가 있다. 아직 그들의 예술성이 발현되지 않았다면, 미켈란젤로의 예술적 재능, 즉 대담함·창의성·천재성이 초점이 될 수도 있다. 비록 그들의 재능이 예술가의 수준은 아니지만, 그들은 자기의 선물을 독특하게 발현함으로써 창조적이 되고 위대해지고 대담해질 능력이 있다. 그들은 음악·사진·조경으로 재능을 구현해낼 수도 있다.

가슴의 어떤 소망도 당신이 발견해서 구현해내기를 기다리고 있다. 당신을 북돋우는 것은 무엇이든 당신 자신의 측면이다. 당신이 상대의 무엇에 감탄하는지 명확히 하고, 자신에게서 그런 부분을 찾아내라. 만일 당신에게 뭔가 되려는 열망이 있다면, 그것은 당신이 보고 있는 것을 구현해낼 잠재력이 자신에게 있기 때문이다. 디팍 쵸프라는 "온갖 소망마다 그걸 충족할 장치가 있다."라고 말했다. 이것은 우리가 어떤 존재인지, 가슴에 품은 소망을 구현해낼 능력이 우리에게 있음을 뜻한다. 만일 우리가 어떤 것을 하거나 지닐 능력이 없다면 그것을 위한 진정한 열망을 품지도 않을 것이다. 그처럼 단순한 것이다. 괴테도 "마음에 품고 믿으면 성취할 수 있다."라고 말했다. 어려운 부분은 우리를 방해하는 두려움을 다뤄나가는 것이다. 두려움은 우리가 충분히 유능하지도 않고, 충분히 가치 있지도 않다고 말한다. 하지만 당신은 이 세상에 유일무이해서, 당신과 똑같은 소망·재능·기억을 지닌 사람은 하나도 없다. 당신에게는 모든 것에 관한 당신 고유의 견해가 있다. 따라서 당신이 할 일은 독특한 재능을 발견해서 자신만의 독특한 방식으로 구현해내는 것이다.

얼마 전, 몇 년 동안 슬럼프에 빠져 있던 친구 낸시에게 세계적으로 유명한 동기 유발 강사의 강연을 듣도록 초대했다. 강의 내내 둘 다 말없이 조용했고, 나는 메모하기 바빴다. 차를 타고 집에 가면서 낸시가 나를 보며 "그 강사 말인데 꼭 실패자 같아."라고 말했다. 깜짝 놀라 나는 왜 그렇게 믿는지 물었다. 그녀가 보기에 그는 되는대로 지껄이고, 자신이 뭘 말하고 있는지 전혀 모른다고 말했다. 또 너무 빨리 말하고, 얼간이처럼 보이기까지 한다고 덧붙였다. 돌아오는 내내 낸시는 강사의 강의 태도와 내용에 대해 싫었던 것을 전부 지적했다. 집에 도착한 나는 낸시와 같이 앉아서, 그 강사를 정말로 실패자라고 여기는지 물었다. 낸시는 확신에 찬 눈으로 바라보면서 그렇다고 했다. 나는 종이를 준비해서 낸시에게 이 논점을 검토할 용의가 있는지 물었다. 그녀는 잠시 주저하더니 동의했다.

나는 종이의 한 면에 그 강사에 대해 아는 것을 적었다. 그는 포춘지 선정 500대 기업의 컨설턴트이며, 그의 동기 유발 훈련 테이프는 수없이 팔렸고, 1회당 강연료가 5000달러나 된다. 또 20여년의 결혼 생활에 건강한 세 자녀를 두었다. 종이의 다른 면에는 낸시에 대해 내가 아는 것을 적었다. 그녀는 이혼해서 자녀가 없으며, 가족과 거의 연락하지도 않으며, 사업에도 여러 번 실패했다. 과체중에 몸꼴이 엉망이며, 만성질환에 시달리고 있다. 게다가 5만 달러 넘는 빚이 있어 현재 근근이 살고 있다. 낸시가 목록을 읽고 난 후에, 내가 "길가는 사람을 붙들고 10명에게 이 종이를 보여주면 누구를 실패자로 볼까?"라고 물었다.

처음에 낸시는 나나 다른 이가 자신을 실패자라고 간주하는 걸 몹시 힘들어하면서, 몸을 뒤로 뺐다. 이것은 낸시에게 끔찍한 악몽이었다. 나는 그녀가 자신의 이런 측면을 인정할 때까지 계속 타인에게 투사하리라고 설명했다. 낸시는 자신이 부정하는 생각을 타인에게 투사하고 있기에 타인의 중요하고 강력한 메시지를 들을 수 없었다. 두어 시간 후에야 낸시는 내면 깊숙한 곳에서 자신을 실패자로 믿고 있음을 인식하기 시작했다. 이런 생각이 그녀에게는 너무나 고통스러워서 아주 깊숙이 감추었다. 낸시는 자신에게 절대 인간되긴 글렀다고 말하는 아빠를 믿었다. 어릴 적부터 자신이 부인해온 이런 측면을 보상하려고 자신이 실패자임을 증명하는 상황을 무의식적으로 계속 지어냈다. 외부 세계는 항상 낸시를 비춰주었지만, 그녀는 부정하려 했고 악순환만 계속 되었다. 일단 낸시는 자신이 실패자임을 인정하자, 이런 측면이 주는 선물을 찾아내서 받아들이기 시작했다. 그다음 낸시는 어떻게 자신이 실패하게끔 설정해왔는지를 고찰하고, 풍요의 삶을 창조하기 위해 자기 안의 실패자를 존중하여, 자기 안의 승리자를 허용하는 데 전념할 수 있었다. 그 이후 새로운 직종에서 일하기 시작한 낸시는 엄청난 개인적, 경제적 성공을 누리고 있다.

"그렇게 말하는 너야말로 그렇다."(사돈 남 말 하네)라는 속담이 있다. 우리는 자기 자신에게서 좋아하는 부분과 좋아하지 않는 부분을 타인에게서 본다. 우리의 이런 부분을 받아들인다면, 타인을 통한 투사로 흐릿하게 보지 않고, 자신을 있는 그대로 볼 수 있게 될 것이다. "세상에 3대 불가사의는 '새에게는 공중'이고, '물고기에게는 물'이며, '사람에게는 자기 자신'이다."라는 말도 있다. 우리는 외부 세계의 모든 걸 눈으로 볼 수 있으니, 이제 우리가 해야 할 일은 눈을 뜨고 주위를 둘러보는 것이다. 하지만 우리는 자신을 볼 수 없으니, 자신을 보려면 거울이 필요하다. 나는 당신의 거울이요, 당신은 내 거울이다.

❋ 실습

1. 일주일 동안 타인에 대한 자신의 판단을 관찰해서, 타인의 행동에 화가 날 때마다 가장 화를 돋우는 그들의 성질과, 친구·가족·동료를 포함하여 아주 가까운 사람에 대한 의견도 적어보십시오. 이 목록이 당신의 숨은 측면을 발견하는 출발점이 될 만합니다. 나중에 당신의 그림자를 인정하는 과정을 시작할 때 이 목록을 참고할 것입니다.

2. 타인에게 하고 싶은 충고를 적어보십시오. 그들의 더 나은 삶을 위해 무엇을 충고하고 있습니까? 그런데 타인에게 한 충고가 자기를 향한 충고는 아닌지 돌이켜 보십시오. 때때로 우리는 자신에게 필요한 것을 상기하는 방편으로 타인에게 말합니다. 그러므로 타인에게 하는 충고가 자신을 상기하는 방법일 수도 있다는 점을 깨달으십시오.

5장 그림자 드러내기

우리는 저마다 내면에 황금 보물이 들어 있다. 이 황금빛의 실체는 순수하고 당당하며 투명하게 빛나는 우리의 영spirit이지만, 단단한 진흙 껍데기로 은폐되어 있다. 이 진흙은 두려움에서 비롯된 우리의 가면, 즉 우리가 세상에 보여주는 모습이다. 그림자를 숨기지 않으면 자신의 가면도 벗겨진다. 우리가 뒤로 숨긴 것을 이해하는 매우 가치 있는 것이기에, 사랑과 자비로 이 가면을 직시해야 한다.

황금 불상 이야기를 살펴보자. 1957년 태국의 한 사찰이 옮겨가면서, 일부 승려가 거대한 진흙 불상을 옮길 책임을 맡았다. 그런데 작업하던 한 승려가 불상에 갈라진 틈을 발견했고, 손상을 염려한 승려들은 작업을 하루 늦추기로 했다. 밤이 되어 한 승려가 불상 전체에 전등을 비춰가면서 점검하다가, 갈라진 틈에서 뭔가 반사되는 것을 보았다. 호기심에 승려는 끌과 망치로 불상의 진흙을 조심스럽게 떼어내기 시작했다. 진흙을 한 조각 한 조각 떼어낼 때마다 불상은 점점 밝아졌다. 몇 시간 작업 후 그 승려는 자기 앞에 드러난 황금 불상에 망연자실했다.

다수 역사가는 태국의 승려들이 미얀마 군대의 침입 전인 수백 년 전에 도난당하지 않도록 불상을 진흙으로 은폐했다고 믿는다. 그 후 실제로 미얀마의 침략으로 모든 승려가 살해되었고, 거대한 불상을 옮기는 1957년이 될 때까지는 그 엄청난 보물이 숨겨져 있었다. 이 불상처럼 우리의 겉껍데기는 자신의 내면에 진짜 보물을 숨겨둠으로써 세상으로부터 우리를 보호한다. 인간 존재는 무의식적으로 진흙층 아래에 내면의 황금을 숨긴다. 이 황금을 밝히기 위해 우리에게 필요한 일은 겉껍데기를 조각조각 떼어낼 용기를 내는 것이다.

나는 세미나에서 종종 테라피therapy, 변형 세미나, 호흡 수련, 기타 치료 분야에 다년간 종사한 영성인들과 함께 작업하는데, 그들은 하나같이 "언제쯤 끝날까요? 언제쯤이면 제가 완성될까요? 자꾸 반복해서 불거지는 문제를 얼마나 더 작업해야 할까요?"라고 질문한다. 이 사람들은 자기 자신을 진흙 껍데기 속에 감춰진 장엄한 부처로서 직시하지 못하고, 오히려 그 껍데기를 미워한다. 그들의 상상보다 더 다양한 방식으로 바로 그 진흙 껍데기가 자신들을 보호한다는 사실을 깨닫지 못했다. 사람마다 다르겠지만 다양한 이유로 껍데기는 필요하다. 비록 우리의 궁극적인 목표가 그 껍데기를 벗어버리는 것일지라도 먼저 이 가면을 이해하고, 이것과 화해해야 한다. 황금 불상에서 껍데기를 벗겨낸 승려에게, 부처가 화를 내며 "나는 끔찍이도 그 껍데기가 싫었다."라고 말했을까? 아니면 도난당하지 않도록 보호에 일조한 껍데기를 축복했을까? 당신 생각은 어떤가?

젊은 시절, 내 겉껍데기는 드세고 경솔하고 둔감했다. '잘해냈어.'라고 말하면서 무능하다는 느낌을 숨겼으며, '나는 괜찮아'라는 환상이 생겼다. 나의 껍데기를 벗겨내면서 빛나는 실체가 드러나기 시작했다. 하지만 여러 숨겨진 감정을 보호하기 위한 장치로 껍데기를 만들어낸다는 이런 측면을 분별할 수 있게 되고 나서야 비로소 지나간 나의 드센 모습을 인정할 수 있었다. 일단 틈을 통해 보기 시작하자마자 껍데기를 벗어 던질 수 있었다. 그리고 나를 보호한 단단한 껍데기를 고맙게 여기고 존중하게 되니 내 인생도 탈바꿈했다.

당신의 겉껍데기는 세상과 직면하는 당신의 인격이다. 그것은 당신의 그림자를 구성하는 특성들을 숨긴다. 그림자는 위장에 너무나 탁월해서, 사실 상반된 점이 바로 내면에 있는데도 우리는 종종 세상에 한쪽만 나타낸다. 예를 들어 어떤 사람들은 소심함을 숨기려는 드센 모습으로 꾸미거나, 아니면 슬픔을 은폐하려고 유머라는 가면을 쓴다. 아는 척하는 사람은 보통 어리석다는 인상을 은폐하고 있지만, 거만하게 구는 사람은 아직 자신의 불안을 드러내지 않았다. 침착한 사람은 멍청함을 내면에 숨기고 있고, 미소 짓는 얼굴 이면에 화난 얼굴이 숨어 있다. 우리의 진면목을 알려면 사회적 가면 너머를 직시해야 한다. 우리는 위장의 도사여서, 남을 속일 뿐만 아니라 자기 자신도 속이니, 자신에게 하는 거짓말만은 확실히 규명해야 한다. 우리가 철저하게 만족하지도, 행복하지도, 건강하지도, 꿈이 실현되지도 않을 때에야, 바로 이 거짓말이 걸림돌이라는 걸 알게 된다. 이런 것이 그림자 작업에서 그림자를 인정하는 방식이다.

일어나야 할 변화는 언제나 감지된다. 우리는 겉껍데기를 꿈의 성취를 방해하는 요인이 아니라, 보호막으로 일조해온 사실을 인정해야 한다. 겉껍데기는 당신을 영적 과정으로 이끌려고 신성하게 기획됐다. 당신은 그런 껍데기를 구성하게 된 각 사건·감정·경험을 되새기고 탐구함으로써, 당신 존재의 총체성을 받아들여 본향으로 돌아가게끔 인도될 것이다. 우리의 껍데기는 개인적 성장을 위한 로드맵road map이다. 겉껍데기는 우리 존재의 모든 모습과 되고 싶지 않은 모습이 어우러져 있다. 당신의 과거와 현재가 아무리 힘들지라도, 당신 자신을 정직하게 직시하고 길잡이인 겉껍데기에 비축된 정보를 활용한다면, 깨달음의 여정으로 인도될 것이다.

당신이 전체적 자기를 알게 되면, 이제는 자신을 보호해줄 껍데기가 필요 없어져, 자연스럽게 가면을 벗어 던지고, 세상에 당신의 진면목을 드러낼 것이다. 또한 남보다 잘나거나 못난 척할 필요가 없어지니, 모든 세상 사람과 동료가 될 수 있다. 우리의 에고 관념이 껍데기를 만들어낸다. 에고는 타인을 구분하는 '진아' Self의 일부다. 영spirit은 '나' self와 타인을 하나로 묶어준다. 영과 자아 사이에 이런 합일이 일어나면, 우리는 자기 자신과 하나 되며 세상과 하나 된다. 사람들은 대부분 자기 자신에게 솔직해지고 싶지 않기에, 자신의 그림자를 그리 많이 들춰내지 않는다. 에고는 통제를 멈추고 싶어 하지 않는다. 하지만 당신이 선과 악 모든 측면을 인정하는 순간 에고는 파워를 잃는 느낌이 들기 시작한다. 소걀 린포체는 『삶과 죽음에 대한 티베트의 지혜』에서 다음과 같이 설명했다.

에고란 위선과 무지로 조작된 우리의 정체성이다. 따라서 에고란 '우리가 진정 누구인지'에 대한 참된 이해의 부족이자, 그런 점의 귀결이기도 하다. 즉, 자기 자신에 대해 임시변통으로 짜맞춘 모습에, 그리고 그런 허구의 모습을 유지하려고 계속 변하고, 또 변해야만 하니 부득이 변덕부리는 돌팔이 자아에, 어떤 희생을 치르더라도 불운하게도 매달려 있다,

그림자 드러내기 과정을 시작하고 나서 멈추라는 목소리가 내면에서 들리기 시작한다면, 그 목소리는 자신의 죽음을 두려워하는 당신의 에고일 뿐임을 알라. 이제는 참된 자기를 밝혀라. 당신이 앞으로 될 수 있는 존재를 드러내기 위해, 자신이라 여겼던 인격에 도전하라.

당신의 가면을 규명하는 데 타인을 거울로 활용하는 방식이 도움이 된다. 그러니 가까운 친구·연인·가족·동료에게 당신의 가장 좋은 점 3가지와 가장 싫은 점 3가지를 물어라. 무엇보다도 그들의 솔직한 대답을 요청하는 것이 중요하다. 그들이 편안히 진실을 말할 수 있게 하는 사람은 당신뿐이다. 당신이 자신을 보는 방식대로 타인들도 자신을 보는지 파악해라. 타인들은 우리가 자신을 보는 것보다 더 긍정적인 면을 우리에게서 보기도 하고, 동시에 우리가 자신을 보거나 인정하는 것보다 더 부정적 특성을 보기도 한다.

사람들은 판단되는 걸 두려워하기에 종종 이런 실습을 힘들어한다. 심판이란 단어는 케케묵어서, 나는 '피드백' feedback이라는 용어를 더 선호한다. 피드백은 아주 유용한 도구다. 물론 남이 당신을 어떻게 생각하는지 꼭 믿을 필요는 없지만, 만일 아주 가까운 사람이 당신에 대해 어떤 말을 할지 듣기가 겁난다면 당신은 자신을 점검해야 한다. 사람들은 대부분 자신이 아주 힘들어하는 말을 들을까 겁낸다. 부정이 작동된 것이다. 부정denial이라는 말을 '내가 거짓말하고 있음을 눈치 채지조차 마라.' Don't Even Notice I Am Lying라는 말의 머리글자라고 생각해보자. 우리는 자신에게 거짓말해온 것을 알 때에 단지 피드백을 두려워할 뿐이다. 만일 당신에 대한 타인의 생각이 현실적인 근거가 없다고 정말로 느낀다면, 당신은 신경 쓰지 않을 것이다. 우리는 자신을 속여 왔고, 그걸 지적받을 때에는 신경 쓴다. 케이트의 예를 들겠다.

그림자 작업을 하러 왔던 케이트에게 내가 피드백 실습을 제안했다. 인터뷰한 주위 사람들은 그녀가 성실성이 부족하다고 말했다. 지금까지 살면서 어떤 희생을 치르더라도 정직하려 했던 그녀는 이 피드백에 좌절감을 느꼈다. 하지만 이 과정이 어떻게 흘러가는지 훤히 아는 나는, 주변인들이 그녀가 숨겨두었던 일부 측면을 감지했을 뿐이라고 확신했다. 그녀에게 눈을 감고 내가 질문을 할 때마다 마음에 이미지를 떠올려보라고 했다. 의식적으로 몇 번 심호흡을 한 뒤, 동시에 음악을 틀어 그녀가 편안하게 정원을 걷고 그 안의 아름다운 수목과 꽃을 상상하도록 유도했다. 나는 케이트가 이완되고 편안해지자, 그녀에게 정직하지 못했던 때, 거짓말했거나 속였던 때, 성실하지 못했던 때를 기억해내도록 요청했다. 얼마간 침묵 후에, 그녀는 눈물을 흘리면서 이야기를 꺼냈다.

평생 의사가 되고 싶었던 케이트는 의대를 졸업하고 뉴올리언스의 종합병원에 3개월 레지던트 과정에 들어갔다. 어느 날 저녁식사 시간에 다들 분주했고, 그녀 역시 회진을 돈다고 바빴다. 한 병실에서 그녀는 어떤 환자의 심장 주위 관을 식염수로 세척하려고 마음먹었다. 그런데 도와줄 간호사를 찾을 수 없어서, 식염수를 가지러 직접 자재실로 부랴부랴 내려갔다. 그곳 간호사가 건네준 튜브를 확인하지 않은 채, 환자에게 주입했다. 하지만 처치하는 도중 환자가 발작을 일으켰다. 놀란 케이트는 손에 들고 있는 튜브를 살펴본 다음 그것이 염화칼륨이라는 것을 알았다. 그녀는 즉시 주입을 멈추고 환자가 정신을 차리도록 조치했는데, 여러 동료 의사들은 그때 그 여성 환자에게 무슨 일이 있었는지 알아내려 했지만, 케이트는 이미 그 튜브를 숨긴 뒤였고, 들킬까봐 소름이 돋았다. 하지만 그녀는 의대에서 배운 기본적인 규칙 중의 하나인, 먼저 약명을 확인하기 전에는 절대로 환자에게 주지 말라는 점을 어겼고, 바로 그 때문에 환자가 죽거나 심각한 손상을 입을 뻔했다. 무슨 일이 있었느냐는 담당 의사의 물음에 케이트는 모른다고 잡아뗐다. 지금까지 케이트는 누구에게도 말하지 않고 이 사건을 숨겨왔는데, 사실 그것도 레지던트 과정을 끝내고 그 병원을 떠나던 날 기억에서 지워버렸다. 끔찍했던 그날 케이트는 다시는 의료 실수를 하지 않으리라 맹세했다.

그 사건 이후 16년 동안, 케이트는 세계적인 내과 의사이자 작가가 되었고, 성실성을 자랑으로 여겼으며, 자신의 기준에 미치지 못하는 사람들을 유난스레 혐오했다. 하지만 사생활에서는 그녀의 성실성에 대한 친구들의 의심은 계속 불거졌다. 왜냐하면 그녀는 자기 자신의 이런 부분을 인정하지 않고, 오래 전에 묻어버려서, 알아차리지 못했기 때문이다. 쉽게 말해 케이트는 기만적인 자신의 부분을 숨기려고 성실이라는 가면을 썼다. 그녀는 자기 자신을 속여서 자신의 위선을 믿게 했다.

케이트가 매듭짓지 못했던 이런 단 한 번의 부정직한 행동도 그 나름의 생명력을 이어왔다. 그녀가 대인관계에서 타인에게 거짓말할 때 자신은 알 도리가 없었기에, 자신이 오해받고 있다고 늘 투덜댔다. 사회적으로 성공했어도, 케이트는 자기 삶에 전혀 만족하지 못했다. 누가 자신의 비밀을 알까 두려워 친구들과도 거리를 두면서, 절친한 관계 맺기를 꺼렸다. 그녀는 자기 자신을 사랑한다고 여겼지만, 나와 그림자 작업 후에는, 자신이 미워하는 부분과 한때 자신에게도 치욕과 수치를 안겨준 측면이 있음을 알 수 있었다. 그녀가 자신의 성실하지 못함을 알고 인정할 수 있게 되자, 그녀의 내면이 빛나기 시작했다. 이제 삶에서 자신과 남을 속였던 다른 경우도 인정할 수 있었다. 우리가 작업을 끝마쳤을 때 그녀는 몇 년은 젊어 보였다. 자신을 짓누르던 엄청난 거짓말에서 해방될 수 있었다. 그녀는 날아갈 듯 자유로웠지만, 그 이유를 몰랐다. 다음은 내가 케이트에게 신체 감각의 해방을 쉽게 설명한 방식이다.

세상과 자기 자신에게서 뭔가를 숨기는 데 얼마나 많은 에너지가 드는지 잠시 생각해보자. 과일 하나, 이를테면 귤을 손에 쥐고 종일 돌아다녀라. 그것이 당신 눈에 안 보이고, 사람들 근처에 있을 때에도 그들이 못 보도록 확실히 숨겨라. 몇 시간 후, 얼마나 많은 에너지를 소비했는지 눈여겨보라. 몸이 온종일 해야 할 일이 이런 것이다. 귤이 아예 없을 때 빼고, 몸은 세상과 자신에게서 귤을 숨기는 데 마음을 써야 한다. 하지만 결국 자신에 관한 진실을 겉으로 드러낸다면 자유로워지고, 개인적 성장과 고귀한 목표를 성취하기 위한 여정에 사용할 에너지를 그만큼 비축할 것이다. 우리는 자신의 비밀만큼 병들 뿐이다. 이 비밀은 우리로 하여금 진면목이 되지 못하게 하지만, 자신과 화해하면 세상은 그만큼 평화를 되돌려주고, 자신과 조화를 이루면 모든 사람과 조화롭게 될 것이다.

타인은 당신의 말을 듣고 행위를 보지만, 당신의 신체 언어도 알아채서 당신의 말과 행동이 모순되는지 아닌지 알아본다. 그러니 신체적으로 의사소통을 한다는 점도 면밀히 살펴보는 것이 중요하다. 에머슨은 "당신의 존재됨됨이가 너무나 큰소리로 말하니 당신 말이 들리지 않는다."라고 말했다. 당신이 말하지 않을 때 무엇을 표출하고 있는가? 우리가 발산하는 신체 언어, 표정, 에너지는 끊임없이 메시지를 내보내고 있다. 최근 연구에 의하면 의사소통의 86%가 말을 사용하지 않는다고 한다. 당신의 말에서 14%만이 상대방에게 영향을 준다는 의미다. 당신은 이렇게 자문하고 싶겠다. '내가 침묵으로 무엇을 전달하고 있는가? 내가 내보내고 있는 메시지는 무엇인가? 슬픈데도 나는 웃는 얼굴을 하고 있는가? 나의 인생이 얼마나 대단한지 자랑한다면 바보처럼 보일까? 거울에 비친 모습은 별로인데 내 외모가 멋있다고 믿는가? 내 눈을 들여다보고 그 생김새에 기분이 좋은가, 아니면 피하고 싶은가?'

직면하기에 곤란한 질문이 가끔 있다. 아무래도 불편한 질문도 있을 것이기에, 당신의 답변이 만족스럽지 못할 수도 있지만, 매우 쓸모는 있을 것이다. 최근에 나는 치유 세미나를 위한 지도자 과정을 밟고 있는 그룹과 작업하면서, 그들이 타인에게 어떤 모습으로 비치는지 알 수 있도록 녹화했다. 산드라라는 매력적인 여성이 일어서서 발표했다. 말솜씨가 좋았음에도 청중에게 애교떨듯 관능적으로 흐느적거리며 움직이는 몸짓이 내 눈에 들어왔다. 발표를 마치자 사람들이 자신을 어떻게 볼 것 같은지를 그녀에게 물었다. 산드라는 유능하고 사랑스럽게 보리라고 말했다. 내가 구성원들에게 물어보자 '귀엽다' '섹시하다' '주목받을 만하다'는 평이 나왔다. 내가 남성이라면 세미나가 끝난 후 산드라와 한잔하고 싶겠지만, 여성으로서 나는 그런 섹시한 몸짓이 불쾌했을 것 같다고 말했다. 산드라의 행동은 오히려 자신이 전하려는 내용을 혼란케 했다. 그녀의 목표는 사람들에게 스스로 치유할 수 있도록 정보를 제공하는 것이었지만, 실제로 전달된 내용은 "내가 얼마나 예쁘고 섹시한지 봐주세요. 나 좋아하죠? 나한테 끌리죠?"였다. 말로 표현한 건 아니지만, 그럼에도 사람들은 산드라가 전하려던 메시지보다 그녀의 몸을 더 상상하고 있었다. 녹화된 그녀의 비디오를 무음으로 재생했을 때, 자기가 전달하는 모습에 충격을 받았다. 내가 산드라에게 이렇게 행동하는 이유를 물었는데, 그녀는 사람들이 자기를 좋아하고 남자들의 관심을 끄는 능력을 갖추고 싶었다고 말했다. 진실은 산드라의 신체 언어가 실제로 자기 파워를 빼앗고 있다는 것이었다. 산드라는 수년 동안 힐러가 되려고 공부해왔다. 이제 마침내 사람들 앞에서 말할 기회가 왔지만, 그녀는 그들에게 실제 메시지보다 가면을 보여주고 있었다. 그녀는 자신의 바보짓에 화나고 당혹스러웠지만, 진실을 보고 들으려는 의지가 더 강했다. 산드라는 자신의 암묵적 의사전달 부분과 남성의 마음에 들려고 무척이나 애썼던 모습을 인정하는 데 많은 노력을 기울였다. 자신의 그런 면을 밝혀내자 산드라는 그것을 껴안을 수 있었고, 그 후 사람들을 돕고자 한 꿈을 성취한 훌륭한 강사가 되었다.

 사람들이 당신을 어떻게 파악하고 있는지 인터뷰하는 것은 두려운 과정이다. 하지만 일체의 피드백은 덕담(德談)이다. 자기 자신의 전체를 보려면 용기와 헌신이 필요하다. 진실을 듣고 싶지 않다면, 삶을 탈바꿈할 수 없을 것이다. 사람들은 오랫동안 숨겨왔던 자신의 모습을 발견한 후, 슬퍼하는 과정을 종종 겪는다. 만일 당신이 허영심 때문에 자신을 속여 왔다면, 얼마간 슬퍼하거나 분노하도록 자신에게 시간을 주어야 한다. 존재의 핵심core을 잊지 마라. 어떤 감정이나 충동을 그림자 안에 숨긴다고 해서 당신의 존재 전체가 바뀌지 않고, 실제로도 결코 다른 인격이 되지 않는다. 참되고 멋진 당신은 언제나 내면 깊은 곳에 존재한다. 그러므로 그림자와 화해하는 것이 '자기가 진정 누구인지'를 기억해내는 한 방법이다.

이제 타인에게서 피드백을 받았으므로 그림자 드러내기 과정을 계속하자. 숨겨진 면을 드러내는 다른 방법은 당신이 흠모하는 세 사람과 미워하는 세 사람을 적어보는 것이다. 흠모하는 사람은 분명 당신이 닮고 싶은 성질을 북돋우겠고, 싫어하는 사람은 화나게 하거나 혼란스럽게 할 것이다. 그들은 당신이 혐오할 만한 짓을 했을 것이다. 당신이 아는 사람을 목록에 포함시킬 수도 있겠으나 굳이 꼭 그렇게 할 필요는 없다. 정치가, 배우, 작가, 자선가, 음악가, 범죄자도 포함될 수 있다. 다 적은 다음, 각 사람을 가장 좋아하거나 흠모하는 점 3가지, 싫어하거나 미워하는 점 3가지씩 적는다. 그다음 다른 종이 한 장을 꺼내어 한 쪽에는 당신이 좋아하는 사람들의 긍정적인 면을 다 쓰고, 다른 쪽에는 싫어하는 사람들의 부정적인 면을 써보자. 내가 작성한 목록은 다음과 같다.

마틴 루터 킹 ― 비전, 용기, 존경
재클린 오나시스 ― 우아함, 성공, 선도자
아리엘 포드(나의 여동생) ― 영성, 창의력, 추진력

찰슨 맨슨 — 약탈자, 증오, 두려움
히틀러 — 살인자, 편견, 악
해리엇 슈피겔(옛날 교사) — 거만함, 교만, 분노

긍정적인 면	부정적인 면
비전	약탈자
용기	증오
존경	두려움
우아함	살인자
성공	편견
선도자	악
영성	거만함
창의력	교만
추진력	분노

이런 목록은 당신이 부인했던 측면을 찾아내는 데 효율적이다. 당신이 적은 각 특성을 면밀히 검토하라. 부정적 특성에서 시작하는 것이 좋을 것 같다. 처음에는 당신에게 어떻게 히틀러 같은 사람의 특성이 있는지 알아보기 힘들 수 있지만, '살인자' 같은 일반적인 단어를 분해·분석하는 것이 중요하다. 질문 방식은 "어떤 부류의 사람이 그런 행동을 저지르는가?"이다. 예를 들면 살인자의 경우 이기적, 불같은 성격, 인간 생명을 존중하지 않음을 언급할 수 있겠다. '인간

생명을 존중하지 않음' 같은 구절이 떠오르면, "어떤 부류의 인격체가 인간의 생명을 존중하지 못할까?"라고 자문하라. 당신은 질병, 정신 착란, 자아도취증을 내놓을지 모른다. 이 과정의 중요한 부분은 당신이 미워하고 싫어하는 특정 단어나 특성에 이를 때까지 언어를 분해하는 것이다. 감정적인 부담을 주는 특성을 찾아내서, 그것을 당신이 꽂힌 특성으로 확정하라.

　세미나에 왔던 사람 중에 스티븐이라는 유능한 비즈니스 고문이 있었다. 8년 동안 명상하면서 삶의 개조에 실제로 열심이었다. 비록 지난 5년간 여성을 사귀지 못했지만, 이젠 동반자를 만나서 결혼하고 가정도 꾸릴 채비가 된 사람이었다. 그는 자기 내면을 파고들어 연애에 이토록 실패한 원인을 파악할 자세가 된 것으로 여겼다. 두 번째 날 그는 여러 측면을 드러냈지만, 자신을 힘들게 하는 것이 하나 있었다. 휴식 시간에 그는 참가자 중에서 참을 수 없는 신사 한 명이 있다고 나에게 말했다. 내가 그 사람의 어떤 점이 싫으냐고 물었더니, 잠시 생각하고 나서 내 귀에 대고 "그 사람 겁쟁이에요. 난 겁쟁이를 미워해요."라고 속삭였다. 나는 아무 말 없이 스티븐이 말할 자세가 될 때까지 기다렸는데, 그에게 어렴풋한 기억이 스치는 눈치였다. 그러더니 다음 이야기를 털어놓았다. 스티븐이 5살 되던 해, 온 가족이 주州 공진회共進會에 갔을 때 아빠는 그가 조랑말 타기를 바랐다. 어린 그는 조랑말처럼 큰 동물을 실제로 본 적이 없었기에 아주 무서워했다. 스티븐이 무서워서 타고 싶지 않다고 하자 아빠가 "넌 도대체 뭐가 되려고 그래? 이 겁쟁이야, 집안 망신 다 시키는구나."라고 꾸짖고는 혼을 냈다. 그날 이후 그는 절대 겁쟁이가 되지 않겠다고 결심했고,

아버지가 자신을 자랑스럽게 여기도록 온 힘을 다했다. 겁쟁이가 아니라는 것을 증명이라도 하듯 가라데 검은 띠를 따고, 대학 풋볼 선수로 뛰고, 역도도 했다. 그는 어쨌든 아버지를 속였고, 그래서 자기 자신마저 속이는 데 익숙해진 것이다. 결국 스티븐은 이 고통스러운 사건을 잊어버렸다.

내가 지금도 자신이 겁내는 분야가 있느냐고 묻자, 그는 잠시 생각하더니 여성에 관해서는 겁쟁이라고 말했다. 여성과 정직하게 대화를 나누기가 겁나서, 관계에 문제가 생길 때마다 곧바로 헤어졌다. 그렇게 교제했던 거의 모든 여성과 헤어졌고, 현 시점에서는 매력적인 여성에게 데이트를 신청하는 것조차 힘들어했다. 나는 스티븐이 자신의 부끄러움과 난처함을 충분히 느끼도록 그냥 놔두었다.

겁이 많아서 유익한 점이 있었는지를 내가 묻자, 스티븐은 나를 이상하다는 눈초리로 쳐다보았다. 그로서는 이런 실망스러웠던 사실과 모든 삶을 바쳤던 사실이 어떻게 선물이 될 수도 있는지 이해하기 어려웠다. 하지만 그는 겁쟁이가 됨으로써 아마도 자신의 생명을 건졌던 때를 기억해냈다. 그는 대학 시절 친구 네 명과 술을 마시러 갔다. 두어 시간 후 한 친구가 옆 동네 술집에 가자고 제안했고, 다른 세 친구는 간다고 했지만, 스티븐은 자신이 음주 운전을 하거나 음주 운전하는 친구 차에 타는 것이 겁이 나서, 데이트 약속이 있다고 둘러대고는 그 자리를 빠져나왔다. 그는 겁쟁이가 되고 싶지 않았기에 가기 겁난다고 말하기 싫었다. 그런데 두 시간 후에 도로를 벗어난 교통사고로 친한 친구 한 명은 사망하고, 나머지 세 명은 심하게 다쳤다는 소식을 들었다.

스티븐은 자신이 이 사건을 잊지 않고 있다는 사실을 믿을 수 없었다. 이 고통스러운 사건을 마음에서 차단했던 것이다. 사고 당시에는 자신이 그날 밤 그 자리에서 빠져나왔던 것을 단순히 행운으로 여겼었다. 나는 그에게 겁쟁이가 됨으로써 불상사에서 벗어난 또 다른 때가 있는지 물었다. 스티븐은 이제 이 특성이 어떻게 자신을 신중한 사람이 되게 하고, 싸움에서 벗어나게 하고, 필시 온갖 종류의 불상사에서 자기를 구해냈는지 볼 수 있었다. 내가 그에게 지금 겁쟁이가 되는 것을 어떻게 여기는지 묻기도 전에 그는 과거의 여러 사건을 얘기했다. 이제는 겁쟁이라는 측면이 여러 번에 걸쳐 유익했음을 볼 수 있으니, 그것을 받아들이고, 자랑으로까지 여기게 되었다. 그의 얼굴도 밝아졌고, 부끄러움과 고통도 사라졌다.

스티븐의 새로운 관점이 그를 힘있게 했다. 니체의 말대로 우리는 인생사 자체를 얘기하지 않고, 인생사를 어떻게 해석할지를 되풀이한다. 해석은 정말로 우리의 감정적 고통을 완화할 수 있다. 해석을 창안하는 것은 창조적 활동이다. 스티븐이 내면의 겁쟁이를 사랑하고 존중하게 되자, 그것을 타인에게 투사하기를 멈출 수 있었다. 겁내는 행위에 싫증내지 않고, 오히려 그것에 통달할 수 있었다.

세미나가 더 진행되면서 스티븐은 자신이 겁쟁이로 여겼던 사람과 친해지게 되었고, 그 사람이 보기와는 얼마나 다른지에 깜짝 놀랐다. 두어 시간 만에 스티븐이 변한 걸까, 아니면 그 사람이 변한 것일까? 겁쟁이임을 인정하자 스티븐이 바라보던 렌즈가 변했으며, 이제는 명확하게 볼 수 있었던 것이다. 남자다워지겠다는 강박관념을 버리고 자신의 섬세함, 수줍음, 조심성을 수용할 수 있었다. 스티븐은 마음을 열고 그 사람과 가까워졌다.

드러내기는 그림자 과정의 첫 단계로, 볼 수 없었던 것을 보려는 지독한 정직과 의지를 필요로 한다. 그림자 자아를 인정하면 통합과 치유의 과정이 시작된다. 각각의 '부정적' 특성에 당신이 상상할 수 있는 것보다 훨씬 더 유용한 긍정적 선물이 있음을 명심하라. 그런 선물은 그림자 작업하기에 달려있지만, 얼마 있지 않아 전체성, 행복, 자유라는 신의 은총을 받을 것이다.

✤ 실습

1. 아래에는 부정적인 단어들이 있습니다. 몇 분간 틈을 내서 감정에 부담되는 어떤 단어라도 골라내십시오. 큰 소리로 "나는 이다."라고 말하십시오. 자신이 감정적으로 전혀 부담되지 않으면 다음 단어로 넘어가고. 싫어하거나 반응이 일어나는 단어는 따로 적어두십시오. 그 단어가 어떻게 부담되는지 확실하지 않으면, 몇 분간 눈을 감고서 그 단어에 관해 명상한 후, 몇 번 더 큰 소리로 반복하십시오. 존경하는 사람이 당신을 이 단어로 규정한다면 정말 어떻게 느낄지 자문해보고서, 화나거나 혼란스럽다면 그것을 따로 적어두십시오. 이 목록에 없지만 당신 삶을 간섭하거나 고통을 유발하는 단어에 관해서도 숙고할 시간을 내십시오.

탐욕, 거짓말쟁이, 가짜, 인색함, 증오, 질투, 앙심, 통제, 분노, 역겨움, 소유욕, 음란한, 겁쟁이, 악, 변태, 음모, 내숭, 바람둥이, 감추기, 의존 중독, 알코올 중독, 약탈, 약물 중독, 도박, 질병, 비만,

혐오스러움, 멍청함, 바보, 두려움, 무의식, 마조히즘, 거식, 식욕부진, 하찮음, 사기꾼, 강요, 완고함, 남용, 배후조종자, 거만, 우월함, 어리석음, 감정적임, 추함, 게으름, 엉성함, 떠버리, 거친, 부적절, 수다쟁이, 호전성, 악취, 절름발이, 비겁함, 무례함, 죽음, 얼간이, 늦음, 무책임, 무능, 태만, 기회주의자, 주정뱅이, 구두쇠, 부당함, 우둔한, 배신자, 교활함, 미숙함, 뒷담화, 무모함, 유치함, 방탕, 바가지, 꽃뱀, 간드러진, 잔혹한, 무신경한, 말썽꾼, 나약함, 박색, 둔함, 험악한, 위험, 폭발, 괴짜, 정신이상, 마마보이, 천한, 궁핍, 방해, 수세, 습관, 슬픔, 무미건조, 칠칠함, 거세, 좀도둑질, 신경과민, 흉함, 수전노, 퉁명스러움, 노처녀, 기만, 비판, 피상적, 무심함, 위선, 비열함, 비굴, 경쟁, 낭비, 낙오자, 불길함, 사디즘, 고집쟁이, 안절부절, 근심, 패배, 무가치, 실패, 비난, 무시, 창녀, 수치, 더러움, 경직, 낡음, 위축, 인종차별주의자, 틀려먹은, 냉담, 분개, 야바위, 부러움, 속물, 호모, 추잡한, 결핍, 건방진, 무식한, 도둑, 협잡꾼, 신용사기범, 뻔뻔한, 완벽주의자, 위압적인, 부주의, 회색분자, 억압, 절망, 풀죽은, 부족, 구걸, 침입, 으스대는, 늙은, 꽁생원, 악의, 아첨쟁이, 무용, 저항, 배신, 무관심, 비정한, 열등, 파괴, 초조, 독단적, 무분별, 생뚱맞은, 공허, 극악무도한, 과민, 옹고집, 눈엣가시, 무기력...

2. 지역 신문에 자신에 관한 기사가 실렸다고 상상하십시오. 당신에 관해 제발 안 나왔으면 하는 내용을 다섯 가지 적으십시오. 그런 다음 기사에 나와도 당신한테 전혀 상관없는 다섯 가지를 상상해보십시오. 과연 첫 번째 내용은 사실이고, 두 번째 내용은 허위입니

까? 아니면 첫 번째 내용이 당신에 관한 기사로 실리기에는 뭔가 잘못된 것이어서 그 기사가 실리기를 원치 않는다고, 가족이나 친구들의 도움을 받아 결정했나요? 당신은 이 단어들에 들어있는 이면의 진실을 밝혀내야, 우리 자신이 부인한 부분을 되찾을 수 있습니다.

이런 각각의 단어에 대해 내린 판단을 적으십시오. 가능하다면 이런 판단을 맨 처음 내린 때를 밝혀보고, 누구에게서 그 판단을 받아들였는지 밝혀보십시오. 어머니, 아버지, 아니면 다른 가족입니까?

6장 그림자 인정하기

　일단 우리가 '부인했던' 자신의 모든 측면을 드러내면, 그 모든 특성을 '인정하는' 그림자 작업의 두 번째 과정으로 넘어갈 준비가 된 것이다. 여기서 '인정'은 어떤 성질이 당신 안에 있음을 시인한다는 뜻이다. 이제 당신은 자신이 좋아하든 싫어하든 자기 존재의 모든 부분을 책임지기 시작할 수 있다. 그렇다고 당신의 모든 측면을 지금 꼭 좋아할 필요는 없다. 단지 지금은 자신과 타인에게 그 측면을 기꺼이 인정하면 된다. 당신이 자문할 수 있는 다음의 세 가지 질문이 도움된다.

　① 내가 과거에 그런 행동을 한 적이 있는가?
　② 내가 지금 그런 행동을 하고 있는가?
　③ 내가 다른 상황이 되면 그런 행동을 할 가능성이 있는가?
위의 질문에 모두 그렇다고 답한다면, 당신은 그런 특성을 인정하는 과정을 시작한 것이다.

　몇몇 특성은 다른 특성보다 인정하기가 더 쉽긴 하지만, 자신이 아주 강하게 애써 부정했거나 타인에게 투사해온 측면은 자신의 것으로 여기기가 매우 어렵기에 시간도 더 걸린다. 하지만 자신에게 관대한 것처럼, 엄격하게 대하는 것 또한 중요하다. 자신이 가장 되고 싶지 않았던 모습으로 '되어 있는' 사실을 적극적으로 파악해보라. "나는 그렇지 않아"라고 변명하고 싶었던 과거의 방어기제를 새로운 시선으로 보기로 각오_{覺悟}하라. "맞아! 나는 그래. 근데 어떤 점에서 그럴까?"라는 시선으로 점검은 하지만, 자신을 심판하려는 유혹은 뿌리쳐라. 자신이 이기적이고 질투가 많다는 점이 파악된다 해서 형편없는 사람으로 비약하거나 속단하지 마라. 우리에게 이런 성질뿐만 아니라 상반된 속성도 있다. 그것들은 인간 속성의 한 부분이다. 우리의 모든 감정과 충동은(우리가 긍정적·부정적이라고 부르는 속성들) 우리를 깨닫게 하고 인도하기 위해 존재한다. 당신이 혹여 미심쩍더라도, 모든 측면을 알게 되고 그것의 선물을 찾아낼 기회를 자신에게 준다면, 이 과정을 마칠 때 황금을 찾게 될 것을 약속한다.

'인정'의 단계는 삶을 치유하고 창조하는 과정에서 필수적이다. 인정하지 않는 것을 받아들일 수 없다. 만일 당신의 모든 잠재력을 구현하고 싶다면 자신이 부정하고 숨기거나 타인에게 줘버린 자기의 부분을 되찾아야 한다. 내가 치유의 초기 단계일 때 나에게 적절한 남성을 도저히 찾을 수 없었다. 내가 좋아하는 사람마다 나를 원하는 것 같지 않아서, 잡지를 넘기듯 여러 남성을 거쳤다. 내가 진정 누구인지 몰랐고, 나 자신의 여러 뛰어난 측면을 잘라냈기에 나에게 어울리지 않는 남성에게 끌렸다. 내가 정말 사랑했던 한 남성은, 언젠가는 내가 나 자신이 누구인지 깨닫게 될 것이고, 그러면 그에게서 내가 떠나버릴 것을 알기에 내 곁에 머물 수 없다고 실제로 나에게 말했다. 친구들은 내가 고른 남성들이 나와 어울리지 않는다는 것을 알았다. 그래도 여전히 나를 수리가 필요한 하찮은 인간으로 믿었다. 그래서 주위의 모든 사건과 사람이 나의 자기애 결핍을 나에게 거울로 비춰주고 있었다. 내가 자신의 다른 측면(나의 두려움, 과장, 은밀함)을 인정하자 더는 두려워하고, 과장하고, 감추는 파트너를 끌어들이지 않았다. 나는 친절하고, 베풀 줄 알며, 있는 그대로 나를 사랑하고 수용해주는 남성, 나의 긍정적 측면을 비춰주는 남성을 끌어들일 수 있게 되었다.

만일 당신이 수용하지 않는 측면이 있다면, 끊임없이 그 측면을 행동으로 보여주는 사람을 자신의 삶에 끌어들일 것이다. 우주는 지속적으로 당신에게 '자신이 진정 누구인지'를 보여주고, 다시 완전해지도록 도울 것이다. 우리는 대부분 자신이 부인하는 이런 측면을 너무 깊이 묻어버렸기에, 혐오스럽게 여기는 특정 인격체로 언제 어떻게 되어버렸는지 알 수는 없지만, 만일 당신 삶에 특정 유형의 사람이 계속 나타난다면, 그럴 만한 까닭이 있다. 친구 조안나는 수년간 데이트할 때마다, "그 사람은 나에게 안 맞아, 그는 괴짜야."라고 말하곤 했다. 처음 예닐곱 번 그랬을 때는 한마디도 하지 않았지만, 얼마 후에 그것이 너무나 명백하다 싶을 때 마침내 조안나에게 그녀 자신이 오히려 괴짜라는 말을 꺼냈다. 나는 만약 그녀가 자기한테 있는 괴짜를 인정했다면, 더는 괴짜와 데이트하지 않았을 것이라고 납득시키려 했지만, 조안나는 되레 나를 이상하게 여겼다. 나는 그녀에게 내가 한 번도 괴짜와 사귄 적이 없었다는 점을 지적했다. 어떻게 그녀가 만나는 남성들에게 자신이 그렇게도 싫어하는 특성이 한결같이 있을 수 있을까?

그래서 이 괴짜 이야기는 근 한 달간 계속되었다. 이것의 심리적 역학 관계가 나에게는 너무나 분명했지만, 그녀에게서는 꼭꼭 숨겨져 있어 이야기가 언제나 우스꽝스럽게 되다보니 중단되었다. 그러던 어느 날 밤, 조안나는 여전히 또 다른 괴짜와 데이트한 후 내게 전화해서,

정말로 괴롭다면서 자신이 어째서 괴짜인지 설명해달라고 했다. 나는 귀여운 핑크 양말에 흰 가죽 운동화를 신고 다니는 조안나를 사람들이 괴짜로 볼 수 있다고 친절히 말해주었다. 그녀는 웃다 말고 자신이 괴짜임을 인정하면 더는 그런 남성들과 데이트하지 않게 되는지 내게 다짐을 받으려했다. 그녀가 살면서 괴짜였던 목록을 작성하기로 동의하고, 이튿날 지금까지 말하고 행한 긴 괴짜 목록을 들고 내게 전화했다. 조안나는 괴짜로 보이고 싶지 않았기에 애써 얌전한 척하면서 20년이나 살아왔지만, 자세히 들여다보고 나서야 이따금 고개를 쳐드는 괴짜적인 면을 살필 수 있었다.

그녀는 자신이 살면서 별났던 순간들을 떠올리며 함께 웃을 수 있게 되면서, 정도껏 괴짜가 되는 것도 그리 나쁘지 않다는 사실을 알 수 있었다. 조안나가 2년 전에 괴짜임을 인정한 이후로 단 한 번도 괴짜와 사이가 틀어진 적이 없었음을 내가 보증한다. 괴짜라는 점이 자신에게 준 혜택을 알아본 후, 조안나는 괴짜가 되지 않으려는 욕망이 얌전하고 멋지고 세련된 상식적인 외형을 유도해냈다는 점을 알았다. 이런 모습이 조안나에게는 별난 면이지만, 바로 이 면에 대한 그녀의 응답이 자신만의 아름다운 스타일을 창조할 수 있게 해주었다.

자신의 특성을 인정하는 데 접근하는 방식은 여러 가지다. 먼저 당신을 힘들게 하는 성질에 집중하라. 당신이 싫거나 미운 사람을 묘사하는 단어 목록을 꺼내서 각 특성을 검토해보라. 그림자 과정이 작동하려면 어떤 저항이 일어나더라도 이 특성을 자기 것으로 인정해야 한다. 당신의 삶에서 자신이 이미 이런 특성을 나타낸 경우나, 다른 이가 당신이 이런 특성을 구현한 것으로 인식했을지도 모르는 경우를 찾아내라. 또 옷을 걸쳐보듯 각각의 특성들을 시험해 보고, 어떤 느낌인지 알아보고, 적합하게 하려면 어떻게 해야 하는지 알아내라. 당신이 사랑하는 사람이 당신을 그 단어로 간주했다면 당신이 어떻게 반응할지 상상해보라. 각 특성 자체와 그 특성을 지닌 사람들에 대해 당신이 어떤 판단을 내리는지도 검토해야 한다. 예컨대 이런 측면 때문에 떠나게 한 사람이 얼마나 되는지 살펴보라. 자신이 이런 사람들보다 낫다거나, 자신의 행동이 그들의 행동과는 다르다며 애써 차별하지 마라. 에고가 자신의 행동을 정당화하지 않게 하라. 세상은 괴짜니까 괴짜로 본다는 점을 잊지 마라.

치유 과정에 참석했던 빌은 자신의 내면에 세상이 있고, 모든 것이 존재한다는 개념에 심취했다. 50대 후반이었던 빌은 22살 된 아들이 문제였다. 내가 아들에 대해서 가장 화가 나는 것이 무엇이냐고 묻자, 빌은 아들이 거짓말쟁이인데, 자기 견해로는 아들이 자신에게 끊임없이 해대는 거짓말은 인간 말종의 짓이라고 했다. 그는 "난 정말 평생 거짓말한 적 없어요. 나를 아는 사람들에게 한번 물어봐요."라며 너무 흥분해서 얼굴까지 붉혔다. 귀중한 15분 동안 그가 과거에 거짓말한 적이 있고, 앞으로도 그럴 수 있다는 점을 인정하도록 도울 수가 없었다. 참석한 다른 사람들은 빌에 대한 불만이 점점 커졌다. 빌을 뺀 나머지 우리는 아주 빈번하게 자기 자신에게 거짓말해온 것은 말할 것도 없고, 아이 때, 학생 때, 또 성인이 되어서도 거짓말을 했음을 최소한 골백번은 기억해낼 수 있었다. 하지만 빌은 여전히 생각을 굽히지 않았다. 그래서 나는 그에게 혹시 세금을 조금이라도 속여서 낸 적이 없느냐고 물었다. 그러자 그는 호방한 웃음으로 손사래 치며

"그건 거짓말하곤 다르죠."라고 말했다. 그러자 모두 의혹의 눈초리로 그를 바라보았다.

치유 과정을 거치고서 대부분 변화가 있었는데, 유감스럽게도 빌은 그렇지 못한 몇몇 중 한 사람이었다. 융 학파 심리분석가인 제임스 볼드윈은 "타인에게서 발견하는 모습은 모두 자신에게 있다."라고 말했다. 빌은 거짓말하는 아들을 나쁘다고 간주하고, 거짓말에 대한 의견이 너무나 독선적이어서, 자신의 이런 측면을 발견하고 싶지 않았다. 올바른 존재가 되려고 너무 몰두했다. 만일 빌 자신이 거짓말쟁이임을 인정했다면 아들에게 꽂혔던 감정의 플러그를 뽑을 수 있었을 것이다. 이전에 타인을 부인하고 무시하고 미워하고 부정하고 비판했던 부분이 자신에게도 있음을 인정하는 데에는 자비가 필요하다. 인간일 수밖에 없고 좋든 나쁘든 인간적인 모든 측면이 당신의 내면에 있음을 수용하는 데에는 자비가 필요하다. 궁극적으로 당신이 자신에게 가슴을 열 때, 세상만사와 만인을 향한 자비심이 자기에게 있음을 알게 될 것이다.

작년에 행크라는 사람이 치유 과정에 참석했다. 그에게 중대한 문제는 항상 늦는 여자 친구였다. 그는 자신을 화나게 했던 여러 사건을 사람들에게 얘기했다. 이에 대해 나는 행크가 그토록 화가 난 원인은 여자 친구의 모습에서 자신의 모습을 보기 때문이라고 설명했다. 행크는 절대 그럴 리 없다고 말했는데, 그가 여자 친구의 이런 측면을 견딜 수 없어 했다는 점은 그 수업반의 누구에게나 아주 명백했다. 그녀가 어떻게 그날 일찌감치 자신을 바람 맞혔는지를 설명할 때 행크의 얼굴은 혐오로 가득차서 감정이 복받쳤다. 코스 초입이었기에 그를 몰아붙이고 싶지 않았고, 그래서 나는 그저 "당신이 함께할 수 없는 것이 당신을 내버려두지 않을 것이다."라고 말했다. 행크는 자신이 여자 친구의 늦는 행동을 받아들이는 데 어려움이 있어서, 감정적으로 꽂혀있다는 사실은 인정했다. 내가 행크 자신도 늘 늦는 사람이 아닌지 물었는데, 그는 '절대 아니라고' 대답했다.

다양한 실습을 하면서 코스는 계속 진행되었지만, 나는 24시간이 지나도 행크가 여전히 안달복달하고 있다는 것을 알 수 있었다. 둘째 날 함께 저녁 식사를 하고 돌아왔는데 의자 하나가 비어 있었다. 나는 다들 귀중한 시간을 낭비하지 않도록 휴식을 빨리 마치고 돌아오라고 말했었다. 누가 없는지 파악하고 있을 때 누군가 행크가 없다고 말했다. 그래서 잠시 기다렸으나 그가 온데간데없어서, 나는 계속 진행하기로 했다. 바로 그때 맨 앞줄에 앉은 여성이 나를 보고 "알고 계신지 모르지만, 행크는 휴식 시간마다 늦게 돌아와요. 개인적으로는 기다리기가 지긋지긋하네요."라고 말했다. 그제야 우리는 행크의 여자 친구가 그에게 하는 행동을 행크가 우리에게 하고 있다는 사실을 알았다.

10분 후에 행크가 돌아오자 나는 행크가 획기적으로 바뀔 준비가 된 건지 알아보기 위해 잠시 우리가 하던 것을 멈추고, 그에게 휴식 시간마다 늦어진다는 것을 알고 있느냐고 물었다. 그의 "몇 분 늦을 뿐인데, 뭐가 문제죠?"라는 대답에 다들 놀라서 어이없는 표정이었다. 그래서 나는 "행크, 휴식 시간 마치고 매번 늦는 사람은 당신밖에 없어요. 시작하기 전에 누가 늦었는지 체크하고, 또 당신이 왔는지 알아보려고 몇 분 기다리는 데 드는 시간과 에너지 낭비에 화가 난 사람들도 있어요. 당신의 행동과 여자 친구의 행동에 어떤 관계가 있지 않을까요?"라고 했다. 그러나 행크에게 3분에서 15분을 의미하는 몇 분 늦는 것은 전혀 문제가 아니라는 태도였다. 행크가 여자 친구는 종종 두 시간씩 심지어 하루 꼬박 늦어진다고 했다. "그런 것이 늦는다는 겁니다. 바로 그런 게 문제죠."

그는 몇 분 늦는 것과 몇 시간 늦는 것의 차이점만 중요하게 부각시켰다. 그에게 두 가지는 별개의 문제였다. 그래서 나는 행크의 의견에 동의하는 사람은 손을 들어달라고 했으나 아무도 손을 들지 않았다. 그다음 행크가 매번 늦어서 몰상식하다고 여기는 사람은 손을 들라고 했을 때 모두가 손을 들었다. 이로써 행크의 여자 친구가 한 그대로 그도 우리에게 했음이 행크를 뺀 모두에게 분명해졌다. 늦은 것은 늦은 것이고, 괴짜는 괴짜일 뿐이다. 그것이 바로 자신을 지키기 위해 자기는 '틀리다'고 차별화하는 에고다. 그때 누군가 일어나서 모두가 늦지 않으려고 최선을 다하고 있으며, 남들도 그렇게 하길 기대한다고 행크에게 말했다. 나도 어떤 사람이 계속 늦고 그 습관을 고치려고 하지 않는다면 그와 계획을 세우지 않으리라고, 또한 그가 나의 시간은 소중히 여기지 않는구나, 혹은 자기 시간이 내 시간보다 더 소중하다고 여기구나, 하는 느낌을 받는다고 덧붙였다. 행크는 몹시 혼란스럽고 당황한 표정이었다. 나는 그에게 오늘 밤 집에 가서 우리의 말을 잘 생각해보라고 요청했다.

다음 날 아침 행크는 정시에 왔다. 그는 밤늦도록 이전에 자신이 늦었던 모든 경험을 적어보았다고 말했다. 행크는 자신이 대부분 늦었지만, 예정보다 30분을 넘지 않으면 잘하고 있다고 믿었음을 깨달았다. 그날 그는 우리 앞에서 그동안 자신이 늦어서 무례했다는 점을 인정했다. 그는 여전히 여자 친구에게 화가 나 있었지만, 자신이 당한 것을 그만의 방식으로 우리에게 돌려주고 있었다는 사실을 알아볼 수 있었다. 그동안은 자신의 이런 측면을 너무 깊숙이 묻어버려 완전히 인식할 수 없었다. 무례함은 그의 에고 관념에는 맞지가 않았다. 하지만 행크가 자신의 늦는 습관과 무례함을 인정하자마자, 자연스럽게 내면 깊이 수긍하게 되어 얼굴에서 긴장이 풀렸다. 이제 그는 자신의 더 많은 측면과 함께할 수 있게 되었다. 또한 여자 친구의 행동을 말할 때도 이제는 전적으로 심각하지 않았다. 행크는 그녀에게서 투사를 거둬들이고, 자신만의 특성을 인정하는 것이 유익하다는 것을 알아볼 수 있었고, 계속 늦는 여성과 관계를 지속할지의 여부를 선택할 자유를 누리게 되었다.

행크는 자신을 사려 깊고 책임 있는 사람으로 믿고 있었지만, 자신에게 숨겨진 측면을 비춰줄 특정 여성을 끌어들일 필요가 있었다. 우리는 잠재의식적으로 사람들에게서 그 측면을 불러내기에 그들은 우리 내면에 있는 것을 비춰준다. 이것이 바로 특정 사람과 상황이 반복해서 우리 삶에 등장하는 이유다. 우리가 자신의 측면을 진심으로 인정하고 껴안을 때 기적이 일어난다. 그 시점에 당신에게 거울 역할을 연기하던 사람이 그 행동을 멈추든지, 아니면 그 사람을 당신 인생에 함께하지 않기로 선택할 수 있게 될 것이다. 감정적으로 꽂히지 않으면 이제 당신은 자신의 그림자를 비춰줄 타인이 필요 없게 된다. 당신은 더 완전해질 것이고, 자연스럽게 당신의 전체성을 반영하는 완전한 사람에 끌릴 것이기 때문이다. 영혼의 목적이 완전해지는 것이라면, 우리는 완전해지는 데 알아야 할 것을 지속적으로 불러낼 것이다.

우리가 자신을 더 인정할수록 우리 인생에 더 건전한 사람들이 나타날 것이다.

시간을 내서 인정하고 싶지 않은 성질을 숙고해보라. 뭔가를 인정하는 데 저항이 생기면 간과하지 말고, 그것이 어디에서 생기는지 알아낼 때까지 주위를 찾아보라. 어떤 판단을 내리는지 주목하고 이런 특성을 나타냈던 때를 적어보라. 힘들다면 친구에게 도움을 부탁하라. 만일 당신이 타인의 싫은 측면에 주의가 집중된다면, 당신에게도 바로 그런 측면이 있기 때문임을 명심하자. 코스에서 특정 성질에 갇혀 그것을 받아들이지 못하는 사람을 보면, 나는 그들에게 '저항하는 바보'임을 인정하게 한다. 그러면 사람들은 보통 웃는다. 그리고 그들이 '저항하는 바보'라는 말을 알아들을 수 있다면, 일반적으로 저항을 일으키는 단어를 빨리 통과할 수 있다.

인정하기 가장 어려운 단어는 모욕을 받았다고 느끼는 사건과 항상 관련이 있다. 에고는 자기 삶의 조건에 대해 남을 탓하는 특징이 있다. 사람들은 대부분 자신에게 피해를 입힌 사람에 대해 저주하느라 많은 시간을 낭비한다. 오프라 윈프리도 쇼를 시작하며 "상처를 지혜로 바꾸세요."라고 말한 적이 있다. 분노에 집착하지 말고, 되레 그것에서 뭔가 터득하라. 상처에서 어떻게 이익을 얻었는지 알아보라. 그 체험이 당신을 어디로 이끌었는가? 그런 체험이 없었다면 만나지 못했을 사람은 누구인가? 상처에 연연해하면 어떻게 꿈을 성취하겠는가? 성장하고 터득하는 데 상처를 활용한다면 계속 희생자가 될 필요가 없다. 당신에게 손상을 주었던 사람의 어떤 측면이 당신을 힘들게 하는지 검토해보라. 그리고 그런 점을 당신의 내면에서 찾아낼 수 있다면,

이제 더는 타인의 공격이나 영향을 받지 않을 것이다.

선禪 이야기가 있다. 주거지로 돌아가던 두 승려는 급류가 흐르는 강기슭에 이르렀다. 그곳에서 두 사람은 강을 건너지 못 하는 한 젊은 여인을 보았다. 한 승려가 그녀를 팔에 안고 강 건너편까지 안전하게 건너가게 해주고, 두 승려는 가던 길을 계속 갔다. 혼자 강을 건넜던 승려가 결국 더 참지 못하고 다른 승려를 "여성 몸에 손을 대는 것은 계율에 어긋난다는 것을 모르나? 자네는 신성한 서원을 어긴 거야."라며 나무라기 시작했다. 그러자 다른 승려가 "나는 그 여인을 강가에 내려놓은 지 이미 오래네. 자네는 아직도 그 여인을 안고 다니는가?"라고 대답한다.

이처럼 묵은 상처를 붙들고 있으면 정신적 짐을 진 채 길을 간다. 최근 나는 위암이 걸린 모르간이라는 한 젊은 여성과 '그림자 작업'을 했다. 나에게 왔을 때 의욕을 거의 상실한 채, 자기 삶을 앗아갈 암에 체념한 상태였다. 그녀는 자신의 어머니와의 관계에서 두드러졌던 빈번한 육체적·감정적 학대 때문에 어머니를 증오했고, 분노에 차 있었다. 삼십대 초반이고, 이미 여러 성격 개선 프로그램도 받았지만 여전히 어머니에 대한 적개심과 혐오를 떨쳐버릴 수 없었다. 그래서 그녀와 나는 그녀의 건강이 아주 좋지 않았지만 나의 세미나에 참석하여 감정적인 독소를 뿌리째 뽑아버리기 위해 노력하고 '그림자 작업'도 하자고 결의했다.

세미나에서 특정 지점에 이르면, 나는 모든 참석자에게 자신이 가장 인정하기 어려운 단어 5개를 적어보라고 요청한다. 그다음 각자 그 성질에 대해 어떤 감정적인 부담도 없어질 때까지 파트너와 서로를 비춰주는 실습을 한다. 예를 들어, 나의 부담 단어가 '무능함'이라면, 내가 "나는 무능하다."라고 말하면, 파트너는 내 눈을 바라보며 "당신은 무능해!"라고 말한다. 그다음 "나는 무능하다."라고 반복하면 파트너도 "당신은 무능해!"라고 반복한다. 내가 무능하다는 말이나 그 말을 듣는 것이 더는 문제가 되지 않을 때까지 계속한다. 그저 '무능해'를 큰소리로 반복해서 말함으로써, 무능하다고 불리고 무능한 성질이 있다는 사실에 대한 저항을 극복해낸다.

어떤 사람은 다른 사람에게는 명백한데도 곧잘 자신이 외면하고픈 사실을 빼먹기에, 시작하기 전에 나는 평소 방을 빙 둘러보면서 사람들이 쓴 내용을 체크한다. 이윽고 모르간에게 가까이 갔을 때, 그녀는 5가지를 채우기 바빴다. 그런데 나는 그녀가 어머니 얘기를 할 때면 항상 쓰던 단어가 목록에서 빠진 것을 발견했다. 그래서 이 단어가 그녀가 인정하는 데 중요하기에, 나는 그녀의 파트너에게 '미친'이라는 단어를 집어넣으라고 말했다.

모르간은 불쾌한 표정을 지으며 "나는 미치지 않았어요. 당신도 알잖아요."라고 말했다. 그래서 나는 우리가 모든 것이라면 그녀 역시 미치지 않을 수 있는 방도는 없다고 다시 설명해주었다. 그녀 역시 나를 미쳤다고 할 수 있지만 나는 조금도 마음 쓰지 않겠고, 모르간의 파트너도 역시 마찬가지일 거라고 말했다. 그녀는 격해지더니 울었고, 곧 토할 것 같다고 말했다. 그녀는 자신이 미쳤다고 말할 수가 없었고, 차마 입에서 그 말이 나오지 않았다. 그래서 모르간의 파트너와 나는 함께 그녀를 바라보며 "미쳤어! 말해 봐요. 인정해요, 미쳤어요!"라고 외쳤다. 내가 "모르간, 말해 봐요, 제정신이 아니었던 적이 언젠가요?"

라고 물었다. 그녀가 분명 미쳤다고 할 만한 몇몇 사건을 열거했지만, 여전히 그 단어가 그녀를 막고 있었다. 하지만 내가 듣고 싶었던 말은 "나는 미쳤어요."였다. 그녀가 그 단어를 꽤 오래 반복할 수 있다면 그녀의 삶을 부여잡고 있던 모든 에너지와 통제를 벗어날 것임을 알고 있었다. 우리가 우려하던 상황, 즉 그녀의 광기가 병의 형태로 나타난 사실이 명백해졌다. 지금까지는 그녀에게 자유가 없었지만, 이제는 자신의 엄청난 두려움과 악몽을 인정하기 직전이었다. 결국 모르간은 "나는 미쳤어"라고 말은 했지만, 아직 완전히 느끼지는 못한 채 그날 밤 집으로 갔다. 그래도 나중에 따뜻한 물에 목욕하며 미쳤다는 말을 반복하던 모르간은 그 단어에서 자유로워졌다. 그런 그녀가 몇 달 후 내게 편지를 보내왔다.

미쳤다는 사실을 인정하기 위해 어떤 두려움과, 광기와 관련됐던 어린 시절에 겪었던 모든 것을 들춰내야 했어요. 겪었던 사실을 받아들이고 지나가게 했지요. 그 사실을 인정하자마자 저는 무릎을 꿇고 기도를 시작했습니다. 신이시여, 제가 진실의 눈을 뜨게 하여 어머니에게서 아름다움만 보게 해주세요. 45분 동안 어머니와 저 자신에 대해 지녔던 모든 판단을 내려놓고, 어머니로서는 나를 위해 최선을 다했다는 사실을 수용하기 위해 정말 열렬하게 기도했답니다. 무의식적인 비난, 자신에게 상처 주는 행동, 자신을 사랑하지 않는 것, 병에 걸린 것에 대해 나 자신을 용서할 수 있도록 기도했습니다. 그러자 놀라운 평화가 온몸에 퍼졌습니다. 그림자 작업을 하기 전에는 어머니를 조금만 생각해도 움츠러들고 경직되었지만, 이제는 평화롭기만 합니다. 그 실습이 문을 열어주었고, 저는 그 문 안으로 들어간 거죠. 암세포도 점점 줄어들고 있답니다.

모르간의 암은 이제 다 나았다. 검사 결과 병적 증세가 없다. 자기 자신의 숨겼던 측면을 미워하기를 멈추자, 자신과 어머니를 용서할 수 있었다. 지금도 그녀는 '미친'이라는 단어를 받아들이기가 가장 어려운 과정이었다고 말한다. 자신의 내면에서 어머니를 보게 됐을 때 그녀는 눈을 꼭 감았지만, 자신이 원한으로 죽어가고 있음을 자각하자마자 자기 존재의 전체성을 받아들였다. 그림자에 대한 인정은 자연스럽게 몸의 성향을 완전한 쪽으로 회복시킨다. 완전해질 때 치유된다.

탈바꿈 자체는 몇 초 걸리지도 않는다. 그것은 우리가 바라보는 인식의 전환, 렌즈의 변화이기 때문이다. 예컨대 우리 자신이 바늘이라고 생각하면서 세상을 보면 모든 것이 실로 보이기 마련이고, 바늘에서 볼트로 변했다고 생각하면 모든 것이 너트로 보인다. 우리의 인식은 우리가 자신을 보는 방식과 선악·시비·호오好惡에 대한 우리의 결정에 따라 언제나 영향을 받는다. 만일 "나는 세상에 있다"에서 "나는 세상이다"로 당신의 인식이 도약한다면, 곧 모든 것이 된다는 것은 괜찮을 뿐만 아니라 필수적임을 이해할 것이다.

물론 이런 개념을 사람들이 대부분 받아들이기 어려워한다는 점을 나도 알고 있다. 자신을 절대 부정적으로 말하지 말라고 배웠기 때문이다. 우리가 아침에 깨어나 쓸모없는 인간이라는 느낌이 든다면 그렇지 않은 척 위장해야 한다. 또 자신이 가치 있다고 말하면 그날 나중에 자신이 가치 있게 느껴지리라고 기대하는 습성이 있다. 자신이 쓸모없다는 느낌이 괜찮지 않기에, 가치 있게 느끼는 척하면서 직장으로 가야 한다. 아무도 모르기를 바라면서 언제나 자신은 훌륭하다는 가면 뒤에 숨어야 한다. 하지만 내면에서는, 자기를 잃었다는 사실을 알고 있기에 소리 없는 절망감으로 살아갈 것이다. 그것은 자신이 쓸모없다는 것을 받아들일 수 없기 때문이다. 우리는 자신의 이런 측면에 저항하지만, 결국 자신을 쓸모없는 부류로 판단하게 된다. 확언이 만사를 해결해주리라고 들었겠지만, 내가 강의에서 말하듯 똥 위에 아이스크림을 얹어서 먹다 보면 얼마 안가서 결국 똥을 맛볼 것이다. 인간에게 유익함·쓸모없음, 추함·아름다움, 게으름·부지런함 양쪽 모두 있음을 알게 될 것이기에, 부정적인 특성을 내 것으로 통합하면 더는 확언이 필요 없게 된다. 당신이 둘 중 한쪽만 될 수 있다고 믿는다면, 당신은 오로지 옳게 되려고 내적 투쟁을 계속하게 된다. 당신이 단지 나약하고 추잡하고 이기적일 뿐이라고(친구나 가족에게는 없다고 믿는 특성들인) 믿는다면, 당신은 그것을 부끄러워하게 된다. 하지만 우주의 모든 특성을 자기 것으로 인정하면 당신 내면의 모든 측면마다 당신이 터득할 어떤 것이 있음을 이해하게 될 것이다. 그것은 당신을 세상의 모든 지혜에 다가가도록 해줄 것이다.

 때때로 어떤 특성을 인정하려면 우리는 자기 자신이나 남에 대해 쌓여 있던 분노를 풀어내야 한다. 사람들은 자주 자기 자신에게 화를 내도되는지 묻는데, 자신이 느끼는 감정은 무엇이든 괜찮다. 자신의 내면에 있는 모든 것을 느끼고 표현하게 허용하라. 진실로 자신을 사랑하고, 자신과 타인에게 자비로워지려면 이런 모든 부정적인 감정을 배출해야 한다. 우리에게는 자신의 감정을 건전한 방식으로 표현할 자격이 있다. 감정 표현이 괜찮지 않은 유일한 경우는 당신이 타인에게 상처를 주고 있을 때이다.

소리치는 것도 억눌린 감정을 내보내는 효과적 방법이다. 종종 우리의 목소리는 말 그대로 억압되어, 마음껏 목소리를 낼 수 없다. 존재의 모든 힘을 다하여 마음껏 소리치면 억눌린 에너지가 정말 사라질 것이다. 누군가 방해하고 싶지 않다면 베개로 입을 막고 소리쳐라. 소리쳤던 적이 없거나 자랄 때 집안 분위기가 좀 시끄러웠다면, 소리치는 것이 잘못이라고 정했을지도 모른다. 이제 이전의 "당신이 함께할 수 없는 것이 당신을 내버려두지 않을 것이다."를 적용해서, 소리를 질러라. 그러니 폭넓게 감정을 접하는 것이 중요하다.

코스 참가자 중에 평생 목소리를 높이거나 욕을 해본 적이 없는 60대 후반의 아름다운 여성인 재닛이 있었다. 그녀의 아버지는 그녀에게 교양 있는 사람은 소리를 지르지 않는다는 관념을 주입했고, 그녀도 아빠에게 점수를 따고 사랑을 받으려고 명령에 따라야 했다. 그래서 재닛은 60년 동안 아버지가 말한 대로 잘 따랐지만, 지금 목에 종기가 생겼다. 그리고 나를 찾아왔을 때는 그동안 그녀 안에 눌렀던 모든 감정을 풀어내고, 아버지를 거역할 자세가 되어 있었다. 그러나 자기 병의 원인이 억눌린 감정이라고 믿게 되었지만, 여전히 목소리를 높일 수가 없었다.

그래서 우리는 5일간 고함치고, 소리치고, 욕을 했다. 그러다 결국 '시팔'이란 욕도 했다. 그 해방감이란! 재닛의 온몸이 떨렸다. 다음날 그녀는 종일 활짝 웃으며 돌아다녔다. 아버지가 오래전에 돌아가셨음에도 이런 작업을 하는 데 모든 걸 던지는 용기를 내야 했다. 6개월 후 재닛은 기분이 좋아졌고 목은 완치되었다. 그녀는 자기 자신을 마음껏 표현하게 되었고, 마침내 자신과 화해하고 돌아가신 아버지와도 화해했다고 느꼈다. 우리가 남에게 피해를 주지 않는 한, 분노 역시 마음껏 표현해야 한다. 당신 자신이 싫어하는 측면에 직면하면 그것을 표현하라. 자신의 것으로 인정하고 싶지 않은 모든 판단, 수치심, 고통, 거부감을 공고히 하기보다 풀어내려는 의도로 표현하라.

화를 풀어내는 데 내가 좋아하는 방법은 방망이질이다. 방망이와 베개 몇 개를 가져다 앞에 놓고, 무릎을 꿇고 앉아 머리 위로 번쩍 방망이를 들어서 있는 힘을 다해 내리친다. 나는 그 베개들을 인정하고 싶지 않았던 특성으로 상상하고 힘껏 때리는데, 이런 식으로 그 모든 감정을 풀어내고 나면 거울로 가서 어떤 특성을 인정하기가 훨씬 쉬워진다.

내면으로 받아들이면 더는 외부로 창조할 필요가 없다. 친한 친구인 제니퍼는 스토킹당하고 있다고 믿었다. 그녀가 참석하는 모든 공적 행사에서 한 여성을 자주 보았기 때문에, 그녀가 자신을 추적한다고 확신했다. 나에게 늘 "그녀는 악마야!"라고 말했다. 유익한 친구인 나는 당연히 제니퍼에게 "네가 악마야."라고 말했다. 내 말에 화가 난 제니퍼는 "나는 아니야!"라고 소리치며 전화를 끊었다. 1년 가까이 그 여성은 제니퍼가 가는 곳마다 계속 나타나서 항상 그녀를 힘들게 했다. 연말에 제니퍼가 몇 달 동안 고대하던 회의에 참석 차 하와이로 갔다. 어김없이 그 여성은 첫 모임에 나타났다. 소름 돋은 제니퍼는 하와이에서 나에게 전화해서 "이 여성을 떼어놓으려면 어떻게 해야 하지?"라고 했다. 나는 그 여성이 제니퍼가 부인하는 측면을 비춰주고 있음이 틀림없다고 말했다. 제니퍼는 그 여성에게 감정적으로 꽂혀 있기에, 그 측면이 무엇이든지 인정할 필요가 있었다는 것은 명백했다. 나는 그녀에게 '악마'가 뭐냐고 물었다. 그녀는 물론 악마는 사악한 짓을 한다고 대답했다. 제니퍼는 자신이 악마였던 때를 생각해내려고 애썼고, 결국 악마로 여겼던 동생에게 비열한 짓을 했던 사건을 떠올렸다. 그녀는 그랬던 순간을 매우 부끄러워했었는데, 그때 이후로 선한 사람이 되기로 결심했다고 한다. 그녀의 마음에서 선한 사람들은 결코 악하지 않았다. 나는 미움을 알아야 사랑을 알듯이 악을 알아야 선도 알 수 있는 것이라고 설명했다. 우리의 악과 미움을 인정한다면, 타인에게 그런 감정을 투사할 필요가 없어진다.

나는 제니퍼에게 욕실의 거울 앞에 서서, 더는 부인하지 않을 때까지 "나는 악마다."라고 말해 보라고 했다. 거울 앞에서 1시간을 보낸 후, 너무나 화가 치민 제니퍼는 스토커라고 여기는 그 여성에게 편지를 쓰기 시작했다. 모든 분노를 표출하기 위해, 생각나는 온갖 추잡한 욕설을 그 여성에게 퍼붓기도 했다. 좀 과격하긴 했지만 솔직했다. 결과적으로 그녀는 가벼워지고 나아졌다. 그녀에게 고통과 분노를 토로할 필요가 있었다. 제니퍼는 편지를 쓰고 난 후 갈기갈기 찢어버리고, 거울로 돌아가 자신의 악을 인정했다. 자신의 이런 측면을 직시할 수 있자마자 또한 그 스토커도 마주할 수 있게 되었다. 스토커에게 꽂혀 있던 감정의 플러그를 뽑았다. 다음 날 그 여성을 만났을 때도 그녀에게 인사하고는 아무렇지도 않은 듯 지나쳤다. 그 후로 제니퍼는 그 여성을 다시는 볼 수 없었다. 이런 것이 자유다.

우리는 자신의 약점이 알아져서 힘들어지면 그것을 은폐하게 된다. 자신의 어떤 측면을 부인하면 그걸 보상하려고 상반된 모습으로 치우치게 된다. 즉, 그런 측면이 없다는 사실을 자신과 타인에게 증명하고자 철저하게 외적인 가면을 쓴다. 최근 내가 방문했던 친구의 아버지 노먼이 이런 현상의 완벽한 본보기다. 그에게 그림자 작업을 소개했는데, 호기심이 생긴 그는 자신도 해보고 싶다고 했다. 그런 나는 자신에 대해 사람들이 몰랐으면 하는 두 가지를 말해 달라고 했다. 그는 '둔하다', '어리석다'라고 대답했다. 나는 박장대소하며 "그럼요, 초면인 사람이 당신보고 둔하고 어리석다고 한 적은 없겠죠."라고 말했다. 그는 항상 가족을 우선시 했기에, 정작 자신은 대학을 마치지 못했다. 그러다 30여년 함께한 아내가 죽자, 노먼은 석사학위를 따기 위해 집 근처 대학교에 등록하고, 매일 자전거로 학교에 다녔다. 우등으로 졸업하고, 이제는 박사과정을 밟고 있다. 학교에 가지 않을 때는 전국을 돌아다니며 여행하고, 모임에 참석하며, 건강과 노화에 관해 강의한다. 최근에는 영성에도 관심이 생겨 한 불교 수련에 참가했다. 그를 만난 누가 과연 그를 둔하고 어리석다고 여기겠는가? 내가 아는 모든 사람이 그를 용기 있고, 재미있고, 똑똑하다고 간주했다. 하지만 둔하고 어리석지 않으려는 노먼의 결정이 실제로 인생을 좌우했고, 그 결과 둔하고 어리석지 않음을 증명하려고 늘 자기 자신과 경쟁하게 됐다. 그렇게 열심히 공부하면서도, 그는 확실히 웃음거리가 되지 않게, 자신이 똑똑하고 흥미로운 사람이라는 것을 세상에 보여주려고 항상 더 많이 해내야 한다.

그런 노먼은 '둔하다', '어리석다'라는 단어가 자신의 삶에 어떤 영향을 끼쳤는지 꽤 알고 있었지만, 무엇을 성취하든 항상 부족함을 느낀다. 뜻밖에도 그 두 단어는 그에게 엄청난 추진력과 결단력을 주었으며, 그에게 재미있는 사람과 장소를 찾게끔 해주는 원동력이 된다. 만일 그가 그 두 단어에 굉장한 반감이 없었다면, 지난 4년간 성취했던 모든 결과를 해낼 충동이 없었을지도 모른다. 노먼은 그런 두 측면의 선물을 인식했고, 자기의 전체성도 이해했다. 어리석음을 모르면서 똑똑함을 어찌 알 수 있으며, 둔감을 모르면서 재미를 어찌 알 수 있는가?

당신이 어떤 모습이 되지 않으려는 속셈에 사로잡힌다면, 오히려 상반된 모습이 되곤 한다. 이런 점 때문에 당신이 삶에서 정말 하고 싶은 것을 선택할 권리를 빼앗긴다. 노먼 역시 친구들과 휴가를 즐기고 여유 부릴 자유가 없었다. 둔하고 어리석은 노인이 되어 버릴까 두려워, 소설을 읽거나 카드놀이를 하면서 보낼 수가 없었다. 그는 이런 기회가 자신의 건강과 영혼을 위한 최상의 기회인지 알아볼 수 없다. 자기 자신의 어떤 측면을 인정하지 않을 때 오히려 그것이 삶을 좌우한다.

면밀히 살핀다면, 우리는 어느 지점에서 둔하고 어리석은지 알 수 있다. 만약 당신이 솔직하지만 바로 지금 그런 측면을 자신이 나타내고 있지 않다면, 과거 자신이 그랬던 때를 바로 당신의 모습으로 인정해야 한다. 자신에 대한 자기 견해가 가장 중요하다. 자신의 인생이 괜찮다고 여기면 남이 뭐라던 별로 개의치 않는다. 노먼은 최근 3년간 일등을 하기 위해 광적으로 공부에 매달리면서, 온통 책에 파묻혀 지냈다.

노먼을 어떤 이는 공부만 한다며 '둔하다'고, 다른 이는 학교 다니는데 세월을 낭비한다며 '어리석다'고 말했을지도 모른다. 둔하고 어리석은 부분을 사랑해서 노먼의 심혼으로 이런 측면을 통합할 수 있을 때까지, 그의 삶은 자신이 똑똑하고 재미있다는 점을 세상에 입증하는 데 혹사당할 것이다. 우리는 자신의 내면 자원을 힘껏 연구할 그때서야 비로소 무언가 되려고 애쓰지 않는다.

우리는 자신의 모든 부분에서 뭔가를 터득하고 그것들과 화해하려고 존재한다. 진짜 충실한 인간이 되려면 자신이 좋아하는 측면을 허용하고, 비판하며 틀렸다고 하던 모든 측면이 공존하도록 수용해야 한다. 아무 판단 없이 이 모든 특성을 충실하게 결합할 수 있을 때 그 특성들은 우리의 시스템으로 자연스럽게 통합될 것이다. 그러면 우리는 가면을 벗고, 우주가 우리 모두를 신성한 섭리로 창조했음을 신뢰할 수 있다. 그러면 우리는 당당하게 서서 내면에 세상을 껴안을 수 있다.

✳ 실습

완전히 자유로워지기 위해 자신을 화나게 하는 타인의 모든 성질을 인정하고 받아들일 능력이 필요합니다.

1. 4장 실습 1에 있는 단어들을 참고하여, 거울 앞에 서서 단어들을 "나는 _____ 이다."라고 반복해서 말하고, 그 단어를 중심으로 에너지가 사라질 때까지 계속하십시오. 효과가 있습니다. 어떤 특성을 인정하는데 몰두한 사람 치고, 절대 이 실습에 실패한 사람은

없습니다. 만일 당신이 이런 특성을 나타내는 사람에게 곤경에 빠지고, 화가 나고 분노하거나 이런 특성이 있다는 점에 굴욕을 느낀다면, 거울에서 벗어나 앉아서 이런 특성에게 편지를 쓰십시오. 이런 방법으로 분노를 발산하는 것이 건전합니다. 단, 이 편지는 혼자만 쓰고 보도록 하십시오. 그동안 쌓인 감정을 풀어내는 괜찮은 방법입니다. 어떻게 써야 할지 모르겠다면, "내가 너에게 화난 이유는…"라는 식으로 시작하고, 마음에 떠오르면 망설이지 말고, 문법과 사리에 상관없이 즉시 쓰십시오. 묵은 감정을 풀어버리는 데에만 집중하십시오.

이 실습은 우리 몸에 쌓인 감정의 독소를 제거하는 방법입니다. 그런데 이 과정 동안 다시 감정이 일어나면, 잠시 멈추십시오. 자신이 호되게 비판하던 단어를 말하기가 특히 어려울 수도 있습니다. 울음이 나오더라도 계속 하십시오. 어느 순간, 그 단어에서 느껴지던 부담이 저절로 풀려나는 것을 경험할 것입니다.

2. 목록의 단어를 보면서 삶에서 그 특성들을 드러냈던 때를 되살려 보십시오. 어떤 기억도 나지 않는다면, 과연 어떤 상황에서 그런 특성을 드러낼 법 한지 자문하십시오, 다른 사람이 내가 그런 특성을 드러냈다고 말했습니까? 다음 단어들로 넘어가면서 이 과정을 계속 반복하십시오.

7장 그림자 받아들이기

우리는 대부분 마음의 평화를 체험하길 갈망하지만, 이것은 적어도 우리 존재의 전체성을 받아들여야 될 수 있는 평생의 업이고, 임무다. 우리가 가장 미워하는 성질에서 선물을 발견하는 것은 다만 경청하고 터득하려는 강한 소망, 기능하지 않는 판단과 믿음을 내려놓으려는 기꺼움, 더 나아지려는 마음가짐이 필요한 창조 과정일 뿐이다. 참된 자기는 판단하지 않지만, 두려움에 사로잡힌 에고는 우리를 보호(아이러니하게도 자기실현에서 우리를 막는)하려고 판단한다. 그러므로 우리가 두려워 해온 것을 모두 기꺼이 사랑해야 한다. 「기적 수업」에서 "나의 불만이 세상의 빛을 가린다."라고 말한다.

　에고와 그것의 저항을 초월하려면 당신은 고요해지고 용감해져서 내면의 소리를 경청해야 한다. 우리의 사회적 가면 뒤에 수천의 얼굴이 잠복해 있다. 각각의 얼굴에는 나름의 인격이 있고, 각각의 인격에는 나름의 독특한 특징이 있다. 당신은 이들 '잠재 인격'과 내면 대화를 나눔으로써 자신의 이기적 편견과 판단을 아주 귀중한 보물로 바꿀 것이다. 그림자의 각 측면마다 주는 메시지를 받아들이면, 당신이 타인에게 내주었던 파워를 되찾고, 진면목과 신뢰의 끈을 잇기 시작한다. 당신이 받아들이지 않았던 성질의 목소리가 자신의 의식으로 통합되면, 그 성질이 다시 당신의 자연스러운 리듬으로 균형을 잡아주고 조화롭게 할 것이다. 또 자신만의 문제를 해결하는 능력을 회복시켜서 삶의 목적을 밝혀줄 것이며, 참된 사랑과 자비를 깨닫도록 우리를 이끌어줄 것이다.

나도 내 잠재 인격과 소통하기 전에는 내게 무슨 문제가 있는지를 파악하려면 타인에게 의존해야 했다. 이런저런 치료사를 만났고, 또 바라는 대답을 들으려고 심령술사와 점쟁이, 점성술사들을 찾아다녔다. 내게 무슨 문제가 생기거나 화나거나 슬퍼지거나 심지어 과하게 기뻐도 무슨 일이 벌어지고 있는지 듣고 싶어 늘 누군가에게 전화하거나 찾아가곤 했다. 무슨 인생살이가 이 모양인가! 내가 원하는 대답을 들으면 그들을 족집게라고 여겼지만, 내가 원하는 대답을 듣지 못하면 들을 때까지 돈을 내면서 이사람 저사람 찾아다녔다.

다른 방식으로 살아야 한다는 것을 알기는 했지만, 왜 신은 우리가 자신을 이해할 수 없게 창조했을까? 왜 신은 우리가 자신에 대해 알려면, 남에게 물어보게 창조했을까? 이제 나는 사람이 스스로 치유하고 전체성으로 돌아가도록 훌륭히 창조되었다는 점을 깨달았다. 하지만 때로는 약간의 도움을 활용할 수 있는데, 잠재 인격과 갖는 대화가 그 과정을 진전시키는 훌륭한 방법이다.

우리의 잠재 인격을 조사해서 그것을 도구로 자신의 잃어버린 부분을 되찾을 수 있다. 우선 그런 부분의 정체를 밝힌 다음, 그것에 별칭을 붙여주어야 한다. 그다음에야 그 부분에서 해방될 수 있을 것이다. 실제로 이름을 붙여주면 거리가 생긴다. 종합심리요법의 창시자인 로버트 아사지올리Robert Assagioli는 "우리는 자아self가 동일시하는 모든 것에 지배당하며, 자신과 동일시하지 않는 것은 우리가 지배하고 통제할 수 있다."라고 말했다. 실례로 내가 싫어하는 특성 가운데 하나로 '떼쓰기'가 있는데, '떼쟁이 동구'라고 별칭을 붙여준다면, 비로소 덜 위협적으로 보인다. 재미있게 나의 이런 측면에 이름을 붙이자마자, 호감을 느낀다. 한 걸음 물러서서 객관적으로 그것을 직시하기 시작한다. 이런 것이 그런 특정 행동이 삶을 지배하던 게 느슨해지는 과정이다.

나는 캘리포니아 오린다의 JFK대학 초개인 심리학 수업에서 잠재 인격을 처음 경험했다. 우리는 매주 다른 감정 치유 모델을 배우고 실제로 경험했는데, 종합심리요법을 다루던 때에 내 삶이 바뀌었다. 그 주에 나는 '잠재 인격'이라 불리던 나의 다른 측면과 나누던 대화가 자리를 잡으면서, 그 인격이 어떤 존재이며 완전해지는 데 무엇이 필요한지 파악하기 시작했다. 물론 목적은 잠재 인격이 주는 선물을 찾아내는 것이었지만, 오히려 그 과정에서 내가 부인했던 부분을 수용하게 됐다.

강사인 수잔은 우리에게 상상으로 버스를 타고 가는 모습을 그려보라고 하면서, 먼저 만원 버스를 떠올리라고 했다. 내가 탄 상상의 버스에서 나는 다양한 사람을 보았다. 노인과 젊은이도 있었고, 미니스커트에 나팔바지를 입은 뚱뚱한 아가씨와 마른 아가씨, 검은 머리와 붉은 머리, 큰 가슴과 작은 가슴... 상상할 수 있는 모든 크기와 형태를 보았다. 키도, 체격도, 몸매도 다 달랐고 국적도, 피부색도 다양했다. 그중에는 좀도둑도 있고, 성자도 있었다. 사람들로 아주 혼잡한 대형 버스였는데, 다수 사람은 내가 알고 싶지 않았다. 나의 첫 생각은 '아니야, 이보다 더 나아야 해.'였지만, 수잔은 마음에 드는 사람이건 그렇지 않은 사람이건 버스에 탄 모든 사람을 알려고 해야 한다며 나에게 알려주었다.

　버스 승객들은 저마다 특별한 선물을 가져다줄 나의 어떤 측면을 대변하고 있었다. 내가 그들을 만나 그들의 지혜를 경청하기만 한다면, 각각 독특한 뭔가를 제공하기 위해 모두 거기에 있었다. 수잔은 이제 우리의 잠재 인격 가운데 한 존재와 버스에서 내리라고 말했다. '뚱보 떠버리 버사'가 내 손을 잡으려고 손을 내밀면서 바로 그곳에 있었다. 그녀는 나와 대화하고 싶어 하는 첫 번째 잠재 인격이었다. 그녀의 얼굴을 보고 나서, "이 여성과 산책하고 싶지 않아. 다른 잠재 인격을 찾아야지."라고 생각했다. 그녀는 150㎝의 키에 몸무게가 90㎏이나 되었는데, 60세 정도에 외모는 끔찍한 악몽이었다. 그녀의 가는 회색 머리카락은 엉성하게 손질되어 얼굴을 뒤덮고 있었으며, 헤어스프레이와 담배 냄새까지 풍겼다. 오렌지색 물방울무늬가 있는 베이지색 옷은 커서 헐렁했고, 어깨에는 베이지 폴리에스터 스웨터를 걸쳤으며, 낡고 촌스러운 핀을 꼽았다. 굵은 다리에 구멍 난 스타킹에다 몹시 낡은 플라스틱 신발을 신고 있었다.

　그래서 나는 그녀를 대신할 누군가를 찾아 주위를 둘러보았지만, 아무도 나서지 않았다. '뚱보 버사'가 짜증내며 결국 내 손을 움켜잡더니 버스에서 끌어냈다. 우리는 가까운 벤치에 앉았고, 얘기를 시작했다. 그녀는 자신이 나의 잠재 인격 중 하나이며, 자신과 함께 사는 법을 터득해야 할 거라고 말했다. 자신은 어차피 내게서 떠나지 않을 것이고, 내가 닫힌 마음을 연다면, 내게 제공할 선물이 자신에게 많다는 사실을 알게 되리라고 말했다. 그때 수잔이 '뚱보 버사'에게 내게 무엇을 가르쳐야 했는지 물어보라고 안내했다. '뚱보 버사'는 나에게 외모로 사람을 판단해서는 안 된다고, 또 내 거짓된 영적 모습도 바로 꿰뚫어 볼 수 있다고 말했다. 나는 따지고 싶었지만 그녀를 처음 보았을 때 그녀에 대한 편견이 지대해 마음속 깊이 말하고 싶지도 않았다는 사실을 알았다.

이어서 '뚱보 버사'는 내가 이 문제를 해결하지 않으면 영적으로 성장하기 어렵다고 말하면서, 내가 언제나 뚱뚱하다고 여기는 사람들을 비웃었고, 외모에서 호감을 주는 사람들만 상대했다는 점을 상기시켰다. 깊은 내면에서 그녀가 하는 말이 옳다는 생각이 들었다. 그동안 나는 영적으로 진화하여 외모 같은 외적인 데에 흔들리지 않는 척했지만, 나 자신에게 거짓말을 하고 있었다. 나는 이 문제를 작업한 이후 1년 전에 다 해결되었다고 여겼지만, 지금 내 앞에 있는 '뚱보 버사'가 아직 할 공부가 많다면서 정신 차리라고 말하고 있었다. 수잔은 우리의 잠재 인격에게 그들의 선물이 무엇인지 물어보라고 했고, '뚱보 버사'는 자신의 선물이 '전체성'이라고 대답했다. 내가 이 홀로그램 우주의 부분임을 정말 믿는다면, 좋든 싫든 그녀를 수용해야 했다. 그녀는 내가 자기 자신을 완전히 알려면 내가 만나는 모든 사람을 사랑과 자비로 바라보아야 한다고 말했다. 그리고 자신을 만난 것이 내 생애에서 매우 중요한 만남이 되리라고 덧붙였다. 그녀의 말은 정확했다.

'뚱보 떠버리 버사'는 내가 수용할 수 없는 나의 측면을 바탕으로 창조된 심혼이었다. 이 시각화 실습을 통해 그녀는 자신을 내게 드러내서 큰 가르침을 줄 수 있었다. 이런 나의 경험을 완전히 통합하기까지는 몇 달이 걸렸다. 그녀에 관한 모든 것은 실재이고 순수하며 자연스러웠다. 그녀가 어떻게 내 잠재의식의 일부일까? 그녀는 어디에서

왔으며, 어떻게 그렇게 현명할 수 있을까? 이런 식으로 계속 자문했다. '버사'를 받아들이기는 어려웠지만 나는 그녀 이상을 원했다.

천천히 나는 용기를 내서 다시 버스 안으로 들어가 더 많은 사람을 만났다. 나는 시각화 실습에 나를 내맡기며, 어떤 잠재 인격이 나를 만나러 나오겠느냐고 물었다. 이 과격한 그룹과는 첫 만남에서, '심통쟁이 엘리스'가 나에게 다가와 인사를 했다. 숱이 많아 위로 부풀려서 뻗친 빨강 머리를 한 그녀는 왜소하고 약해 보였다. 그녀의 첫마디는 "작긴 하지만 난 거칠어요. 그러니 우습게보지 마세요."였다. 엘리스는 내가 자신을 애써 없애려고 해서 피곤하고, 또 아마 자신이 내가 지금까지 만났던 가장 괜찮은 친구일 거라고 말했다. 엘리스는 나를 인도하고 경고하기 위해 대기하다가 내가 위험에 처할 때 공공연하게 소리쳤다. 그동안 내가 항상 그녀의 암시를 무시해왔기 때문에 나의 관심을 끌기 위해 주위 사람들을 통해 행동으로 나타내고, 소리를 질러야 했다고 말했다. 또 그녀는 자신의 선물은 나를 항상 사람들과 건전한 관계로 이끌 강력한 직관이라고 하면서, 내가 거의 좋은 관계를 맺지 못했던 이유는 내가 내면의 소리를 경청하기보다는 말하는 데 바빴기 때문이라고 했다.

하지만 내가 언제나 타당하지 않은 방식에 화를 냈다고 믿었기에 '화난 엘리스'를 받아들이기가 어려웠다. 나는 화를 없애려고 몇 년간 노력했지만, 엘리스는 소멸이 아니라 수용과 사랑을 바랐다. 그녀는 내가 머리보다 가슴에 귀 기울이길 바랐다. 내가 그녀를 동지로 생각하자, 그녀도 진정되기 시작했다. 화火에 대한 건전하고 제대로 된 표현이 내 걷잡을 수 없는 감정 폭발을 대신했다.

다음으로 나는 초콜릿 케이크를 엄청 좋아하는 '먹보 그레타'와 짧은 치마를 좋아하고 말투가 천박한 '야한 트릭시'를 만났다. 그레타는 뒤뚱거리며 내게 다가와 자신이 '뚱보 버사'의 친구라고 말했다. 그녀의 선물은 모든 사람에 대한 자비와 내적 유대였다. 그녀는 나에게 느긋해지고 나 자신에게 집중하라고 말했다. 또 내가 앞만 보고 무의식적으로 달리고 있어서, 일하는 기계 같다고 충고했다. 그리고 그녀는 존재감을 맛보려고 먹는 것에 집착하는 내 안의 현실도피주의자다. 반면에, 야한 트릭시는 내게 품위라는 선물을 주었다. 나 자신을 왕처럼 대접하고 당당하게 행동하기를 바랐다. 내가 그렇게 하지 않을 때, 그녀는 불쑥(내 주위에) 나타나 과시하는 행동을 해서 나에게 주목받는 대상이 돼야만 했다. 이 모든 부정적인 특성에서 긍정적인 면들을 탐구해서 받아들이기 시작하면서, 그들은 내 삶에 끼어들지 않았다. 그들은 내 심혼의 위대한 교사였다. 내가 사랑하고 다만 느긋해지라는 그들의 요구에 응답하자, 그들은 내 의식에 통합되었고, 나의 자기 사랑과 전체성을 더욱 고양시켰다. 내가 이런 성질을 받아들일 때 이제는 싫어하는 아이스크림을 먹거나 너무 짧은 치마를 입을 필요가 없다. 내가 새로운 친구를 수용하자마자, 그들은 내 삶에서 굳이 모습을 나타내지 않았다.

나는 이 기법을 샌프란시스코에서 리치라는 남자와 살 때 터득했다. 우리는 서로 그림자에 대해 얘기하는 것을 즐겼는데, 각각의 관계에서 종종 나타나는 상대방의 잠재 인격을 적어 보았다.

데비	리치
반항아 삐삐	독재자 두환
화난 엘리스	척척박사 닉
독재자 딕시	독불장군 마빈
공주병 자옥	촌놈 지미
요기Yogi 욜란다	난봉꾼 베니
통제자 캐리	유능한 켄
바람둥이 로리	선생님 토미
여장부 르네	
싸움닭 두루미	

우리는 이 목록을 만들면서 많이도 웃었다. 우리 관계에서 불화를 일으키지 않고, 힘든 한때를 안겨 줄지도 모르는 상대의 부분을 진지하게 얘기하는 방식을 찾아냈다. 게다가 문제가 생길 때도, 나는 다시는 리치 탓을 하지 않을 수 있었다. "넌 나를 지배하려 하지만, 난 싫어."라고 말하기보다 "오늘 '독재자 두환'이가 나오는 것 같네. 나에 관해 그에게 말해줘."라고 말할 수 있었다. 이것은 인격 모독이 아니기에 저절로 둘 사이의 긴장을 풀어주었다. 또 리치가 나에게 말했던 내용을 내가 따지기 시작하면, 내가 자주 했던 방식인데, 그는 다만 '싸움닭 두루미'에게 추궁당할 기분이 아니라고 말할 수 있었다. 관계에서 언제나 사건을 감정적으로 받아들이는 나의 태도가 힘든 문제이긴 했지만, 이런 상황에서 나는 절대로 감정적으로 받아들인

적이 없었다.

　잠재 인격은 우리가 내면으로 수용하기 어려운 행동을 드러낸다. 우리가 수용하지 않거나 수용할 수 없어서 그것들을 외면해왔다. 나 자신의 어떤 부분을 막았기 때문에 내 존재의 전체성과 접촉하지 못했다. 내가 내면을 살펴보았을 때 이런 특성이 나의 주의를 끌려고 소리치고 있었음을 알아냈고, 그 특성은 내 삶을 탈바꿈하는 다음 단계로 이끌었다. 나는 우리한테 있는 특성만큼 잠재 인격도 다수 있다는 것을 믿게 되었다. 나에게서 적어도 100개의 잠재 인격들을 밝혀냈고, 내가 살펴볼 때마다 언제나 새로운 얼굴·목소리·메시지를 만날 수 있었다. 심지어 아주 어두운 잠재 인격도 선물을 주려고 온다. 우리는 다만 잠재 인격이 말하는 지혜를 듣기 위해 기꺼이 그들과 함께할 시간을 내야 한다.

　우리가 자신만의 내면세계를 탐구하려면 기꺼이 시간을 내야 한다. 닐 도날드 월시의 「신과 나눈 이야기」에서 신은 말한다. '내면으로 가지 않으면 외부로 가게 되리라.' 당신이 이 메시지를 진지하게 받아들인다면 당신의 인생을 바꿀 수 있다. 내면으로 가서 당신의 존재 전체와 관계를 맺는다면, 자신이 선택하는 방향으로 삶을 조정하는 능력을 깨닫기 시작한다. 당신이 자신에게 줄 수 있는 더 큰 선물은 없다. 따라서 당신이 "나는 더 많은 돈·사랑·창조성·친구와 더 건강한 몸을 원한다."라고 말할 때, 그것을 구현해내는 데 필요한 신념도 갖추게 될 것이다.

　당신이 내면의 목소리와 대화를 시작할 때 신뢰가 언제나 주요 문제가 된다. 이때 가장 일반적인 질문은 "내가 내면의 진실을 듣고 있는 건지 어떻게 알 것인가?"이다. 하지만 자신의 잠재 인격과 몇 번 만나고 나면, 잠재 인격과 말하고 있는 건지, 부정적인 수다를 듣고 있는지 구별하기 쉽게 된다. 부정적인 내면의 소리에는 당신을 위한 긍정적인 메시지나 선물이 거의 없을 것이다. 당신을 내면의 믿을 만한 공간으로 데려다주도록 돕는 방법은 다양하다. 명상은 마음과 부정적인 내면의 수다를 가라앉히는 이상적인 방법인데, 정해진 명상 기법이 없다면 이끌어줄 명상 CD를 활용해도 된다. 또 누군가의 도움을 통해 일련의 호흡과 신체 이완 기법을 배우는 것도 두뇌에서 벗어나는 데 도움이 될 것이다. 빠르고 하기 쉬운 또 다른 방법은 **춤**이다. 아름답고 경쾌한 음악을 틀고 한 30분 정도 마음대로 움직여라. 그다음 앉아서 눈을 감고 호흡에 몸을 맡겨라. 이제 당신이 확실히 고요해지면 머리와 가슴을 분별하기 시작할 것이다. 처음에는 다소 연습이 필요하지만, 일단 분별하게 되면 잠재 인격을 찾아내고 탐구하는 과정이 훨씬 쉬워진다. 머리는 냉정하지만 가슴은 언제나 자비로 가득 찰 것이다. 때로는 경직되고 거칠 수도 있겠지만.

자신의 잠재 인격을 호의적으로 맞이하는 것이 중요하다. 말은 쉽지만, 실천은 항상 쉽지 않다. 최악의 경우가 예상되어도 그때가 바로 당신에게 절호의 기회일지도 모른다. 그때 당신이 얻는 결실은 아마 생각보다 훨씬 유익할 것이다. 사람들은 종종 그들이 불러낸 배역들의 특징에 충격을 받지만, 그 이유는 일반적으로 소위 '천사'의 모습을 기대하기 때문이다. 잠재 인격은 머리가 없거나 동물, 괴물, 외계인처럼 보일 수도 있다. 시각화하는 동안 당신의 심혼에서 경험하는 것이 무엇이든 당신에게는 적절한 이미지다. 당신이 만나는 존재나 경험하는 사건을 판단하지 않는 것이 중요하다.

옛 애인, 과거 동료, 가족처럼 당신이 아는 사람을 만나는 경우가 공통적이지만 대개 껄끄러운 사람들이다. 이런 낯익은 얼굴이 잠재의식에 나타나도 떨쳐버리려는 충동을 억제하고, 그들과 함께하면서 그들이 당신에게 주려는 교훈이 무엇인지 파악하라. 현재로는 당신이 그들에 관해 잊었을지도 모르지만, 그들이 던진 화두를 다루지 않으면 결국 삶에서 반복하여 만날 것이다. 이것은 카드게임처럼 새것을 받으려고 원하지 않는 잠재 인격을 던져버릴 수 없다. 사실, 가장 만나고 싶지 않은 인격이 당신에게 가장 유익한 교훈을 줄 것이다.

최근 나는 모든 것을 갖춘 셸리라는 여성과 그림자 작업을 했다. 그녀 정도로 성공·명예·재산을 성취한 여성은 흔치 않다. 그녀는 연예 사업에서 정상의 자리에 오르기 위해 매우 열심히 일했고, 출세가도를 달려왔다. 그녀는 대부분 긍정적인 평가를 받았지만, 비판에는 매우 민감했다. 셸리는 정신없이 일하면서 몇 년을 보낸 후, 자신을 재충전하려고 모처럼 몇 달간의 휴가를 냈다. 그녀는 자신이 자주 저돌적으로 행동하는 부분을 알고는 있었지만 그것이 싫었다. 실습에서 "나는 저돌적이어요!"라고 말하는 그녀의 얼굴은 경직되었고, 눈가에 이슬이 맺혀 있었다. 자신의 그러한 측면과는 함께할 수 없었다. 우리는 마주 보고 앉았고, 나는 그녀에게 "나는 저돌적이다. 나는 저돌적이다"를 반복하도록 했다.

하지만 여전히 셸리가 이런 측면을 불편하게 느껴서, 눈을 감게 하고 상상 버스를 타게 했다. 그녀가 '저돌적 앨리'라는 잠재 인격을 불러냈다. 앨리는 곧추 세운 빨간 머리를 한 50대 중반여성으로 감색 정장을 입고 당당한 자태를 취하고 있었다. 처음에 셀리는 앨리가 싫었지만, 우리는 앨리가 셀리에게 줄 선물이 뭐냐고 물었고, 앨리는 보호라고 대답했다. 앨리는 셀리가 경력을 쌓는 동안 자신이 그녀를 보호했었고, 그녀가 꿈을 성취하는 데 아무도 방해하거나 중단하지 않게 했다고 말했다. 그다음 셀리가 완전해지려면 무엇이 필요한지 물었는데, 앨리는 사랑과 수용이라고 했다. 이제 앨리는 셀리가 호되게 때려대는 이런 우람하고 끔찍하고 비열한 여성이 되는 것에 진저리 났다. 앨리는 셀리의 모든 명성과 성공을 가능하게 한 인격이었다. 이제 그녀는 공로를 인정받고 싶어 한다. 그녀의 의견으로는 셀리에게 많은 것을 요구하는 게 아니라, 단지 셀리 인생에서 자신이 해낸 부분에 관한 사랑과 존중을 원할 뿐이었다.

셀리는 활짝 웃으며 소파에 누웠다. 그녀는 신났고, 저돌적 앨리와 거의 사랑에 빠졌다. 그녀는 수년간 묻어두었던 부분을 받아들였다. 이런 성질이 그녀에게 수치심과 자기혐오를 일으켰지만, 역설적으로 그녀가 저돌성을 받아들이지 않았다면, 셀리는 그 모든 성공이라는 선물을 누릴 수가 없었을 것이다. 이제 그녀는 자유롭게 노력의 결실을 만끽하고 있다. 그림자 작업은 자주 이런 식으로 작동한다. 당신만을 위한 선물이 들어있는 성질이 당신에게 있다. 만일 당신이 삶에서 원하는 것을 얻는 데 도와줄 선물을 요청하더라도, 당신의 이런 측면이 자신의 심혼으로 완전히 통합되지 못했고, 이 측면을 당신이 부정적으로 판단했기 때문에 그것은 부적절한 방식으로 행동화하면서 그것만의 삶을 드러낸다. 우리가 분리하던 그 성질들을 받아들일 때까지, 자신의 요구가 관철될 때까지 그 성질들은 계속해서 못되게 굴 것이다. '저항하는 것은 지속된다.'를 명심하라. 셸리가 저돌적 앨리를 수용하자 그녀의 저돌성에 대한 고민은 사라졌다. 이제 그녀는 적절한 시기에 적절한 방법으로 저돌성을 자유로이 활용한다.

당신의 특성을 받아들이는 또 다른 유용한 방법은, 자신이 부인하는 측면에 관한 타인의 관점을 듣기 위해 그들을 '의식으로 초대하기'가 있다. 자신이 흠모하고 존경하는(아마도 신성하거나 영적인) 사람을 떠올려라. 그다음 여전히 받아들이기 어려운 단어 중 하나에 집중하며, 당신이 선택한 사람에게 이런 측면에 대한 견해를 물어보라. 현명하고 자비로운 사람을 선정했는지 확인해보고, 아니면 과거에 당신에게 중요했던(되도록이면 부모나 친척 같은) 사람이어도 좋다.

내 경우를 실례로 든다면, 내 단어는 '너저분한'이었다. 나의 이런 면을 인정하지 않고 세상에서 숨기려 했던 나는, 내 아들을 돌봐주고 집안을 청소하는 가정부를 두는 식으로 내 삶을 세심하게 연출했다. 그녀는 항상 완벽하게 정돈하고 깔끔하게 했다. 나는 주위를 완벽하게 해놓는 성격이 아니지만 그래도 집은 이런 식으로 보이고 싶었다. 집이 항상 깨끗하고 정돈되어 있었기에 나보고 너저분하다고 말하는 사람은 없었다. 하지만 누군가 데비 포드는 꾀죄죄하다고 말했다면 내게 영향을 주었을 것이다. 그래서 나는 눈을 감고 천천히 심호흡한 후 너저분하다는 단어를 숙고했다. 그러자 약간 괴롭고 답답했다. 저변에는 두려움이 있었다. 과거의 기억을 거슬러 올라가다가 어머니가 내게 너저분하다고 야단치던 사건을 기억해냈다. 너저분한 인간이라고 사랑받지 못할까 겁났었다. 이제 눈을 감고 테레사 수녀를 가슴으로 상상하면서, 나의 그런 면을 받아들이기 위해 내가 어떻게 그 단어를 재해석할 수 있는지 여쭈었다. 나는 이 단어를 인정하고 그녀의 충고도 듣고 싶었던 것이다. 그녀는 나의 너저분함은 '놀이'이며, 내 안에 있는 어린이를 표현하는 수단이고, 나에게는 바닥에 옷을 던지기가 재미이니 이것을 고칠 수 있다고 말했다. '너저분함'이 주는 선물은 질서라고 했다. 항상 꾀죄죄하다는 지적을 받으며 자란 나는, 이제 모든 것을 체계화하여 완벽하게 정돈할 내 특유의 능력을 갖추게 되었고 새롭고 강력한 해석 방식을 지니게 되었다.

다시 나는 눈을 감고 마르틴 루터 킹 목사에게도 나의 너저분함을 새로 해석해 달라고 부탁했다. 가슴으로 그의 모습을 그리자, 그는 내가 삶에 열정이 대단해서 다음 일을 진행하기에 급급하고, 이것이 바로 '너저분함'으로 나타난다고 말했다. 그의 말대로 나는 너무나 들떠서 물건을 제자리에 갖다놓는 것 같이 사소한 일에는 신경을 쓸 겨를이 없었다. 킹 목사는 '너저분함'의 선물은 열정과 부지런함이라고 말했다. 즉 나의 너저분함에 책임지고 내가 하기 싫은 일을 대신 해줄 사람을 고용함으로써 일에 더 집중할 수 있다는 것이다. 이것이 두 번째 해석이다.

이제 나는 '너저분함'이 좋아지기 시작한다. 용기를 내서 정돈을 못한다고 항상 야단치던 어머니를 떠올리고, 또 다른 해석을 부탁했다. 어머니는 "내가 항상 너를 나무라던 이유는 내가 한 번도 너처럼 옷을 아무데나 던져놓고 딴 일을 해볼 여유가 없었기에 네가 부러웠기 때문이란다."라고 말했다. 또 어머니는 어릴 적부터 자신에게 항상 엄격해서 정돈이 안 되면 견딜 수 없었다고 말했다. 나의 너저분함은 어머니 자신의 엄격함을 기억나게 했고, 이것이 그녀를 대단히 힘들게 했다. 어머니는 나의 너저분함이 자기표현이라는 선물을 주었다고 했다. 어릴 적 나는 그리기를 좋아해서, 툭하면 온 집안을 여러 가지 색으로 칠하며 줄을 긋고 때로는 손도 사용해 그리는 놀이에 몰두하여 엉망으로 만든다 해도 겁나지 않았다. 이런 너저분함이 내게 자유를 주었다. 이것이 세 번째 해석이다.

계속하다 보니, 10분도 채 안되어 새로운 해석들이 떠올랐다. 이제 보니 '너저분함'은 내게 여러 선물을 주었던 충실하고 긍정적인 특징이었다. 나는 정말로 놀이를 즐겼고, 나 자신을 표현하고 있었다는 사실을 분명히 알 수 있다. 이제 눈을 감고 '너저분함'이라는 단어를 생각하면 얼마든지 마음이 열리고 받아들여진다. 사랑은 치유한다. 그런데 이 사랑이 때로는 어떤 감정이나 경험에 대한 새로운 해석을 창안해내는 문제일 뿐이다.

당신이 부인하던 특성을 받아들이다 보면, 맨 처음 어떤 특정 성질이 나쁘다고 믿게 되었던 단계를 회고하는 것이 유익할 수 있다. 어떤 특징이 당신을 지배하기 시작했던 때로 돌아가는 것은, 당신으로 하여금 자신의 에고에 사로잡힌 판단의 근원을 밝힐 가능성을 주기 때문이다. 친구인 피터는 자신의 약점을 받아들이는 데 어려움을 겪고 있었다. 그래서 나는 그에게 눈을 감고 과거에 약점 때문에 괴로웠던 상황을 찾아보라고 말했다. 맨 처음 그는 고등학교 시절을 떠올렸고, 그때 자신이 부족하고 경쟁력이 없다고 여겨서 계절마다 다른 운동에 열중했다. 또 학교 친구사이에서 가장 나약했음도 기억해냈다. 나는 피터에게 더 깊이 들어가 훨씬 전의 사건을 찾아보라고 했다. 그러자 그가 8살이 되던 해 새집을 짓고 있던 곳에 갔을 때, 엄마와 누나가

2층 방을 보여준다며 그를 데리고 갔던 때를 기억해냈다. 하지만 그가 방에서 나와 내려가려고 했을 때는 이미 엄마와 누나는 없었다. 2층 계단에 난간이 없어서 아래층으로 오르내리려면 정말 조심해야 했기에, 그는 미끄러질까 봐 겁이나 혼자 내려갈 수 없었다. 엄마와 누나에게 도와달라고 했지만 그들은 거절했다. 심지어 엄마는 빨리 내려오지 않으면 그냥 두고 가겠다고 말했다. 겁에 질린 피터는 그 자리에서 꼼짝도 할 수 없었다. 엄마와 누나는 정말 떠나서 30분 동안 돌아오지 않았다. 그 지점에서 그는 "내가 나약하면 필시 엄마가 나를 떠나버리겠지."라는 교훈을 내면화했다. 그 후로 피터는 자신을 사랑하는 엄마가 떠나리라고 믿었기에 나약해질 수는 없었다.

우리는 대부분 내면의 여덟 살 아이에 의해 조종된다. 필요를 충족하지 못한 그런 아이가 수용해달라고 간청하고 있다. 그러므로 가능한 오래된 기억을 탐구하는 것이 유용하다. 훨씬 쉽게 자신의 어떤 측면에 대한 동정심을 찾아낼 수 있는 지점 말이다. 오랫동안 거칠었던 피터는 여성과의 관계를 6개월 이상 지속하지 못하고, 언제나 그가 먼저 떠났다. 그런데 자신이 부인하던 나약함을 거슬러 올라가면서 그런 파워의 근원을 찾을 수 있었다. 이런 어릴 적 사건을 직시함으로써 자신의 나약함을 인정할 수 있었다. 이런 측면을 받아들이도록 돕기 위해 나는 그가 존경하는 사람, 자비심과 인간성이 풍부한 두 명을 말해 보라고 했다. 그는 부처와 달라이 라마를 말했다. 먼저 부처를 마음속에 그린 피터는 나약함의 선물이 무엇인지 물었다. 부처는 그것이 피터에게 타인의 나약함에 대한 깊은 동정심을 준다고 대답했다. 그리고 달라이 라마에게서는 피터의 나약함이 그의 활동적인 성격과 사회생활에서 타인들을 편안하게 만드는 힘의 근원임을 터득했다. 나약함은 피터에게 남의 마음을 끄는 충실한 외적 인격을 계발하도록 강렬한 소망을 제공했다.

그다음 나는 피터에게 부모 중 한분을 생각해보라고 했다. 눈을 감은 그는 아빠를 떠올렸다. 아빠는 피터가 자신의 나약함을 언제나 극복했기에 어떤 상황에서도 다시 일어나 쾌활해지는 법을 터득했다고 말했다. 사실 피터는 나약한 자신의 모습이 싫어서 자신이 얼마나 강한지 입증하려고 항상 힘든 길을 갔다. 그는 불운한 일, 힘든 순번, 놓친 기회로 가득한 삶을 창조함으로써 세상에다가 자신의 강함을 보여주려고 했다. 피터의 아빠는 만일 피터가 이런 교훈을 터득하고, 자신의 나약함을 받아들이면, 오히려 편안한 길이 나타나기 시작하리라고 예언했다.

최근 나는 피터가 작곡을 한다는 소식을 들었다. 피터 자신도 성공할 가능성이 있는 직업의 진로가 될 것으로는 생각도 못했던 열정이었다. 6개월마다 직장을 바꾸고 새로운 관계를 형성하기보다, 이제 그는 작곡과 데모demo테이프 작업에 에너지를 맞추고 있으며, 고통 없는 세상, 즉 감정과 창의성의 표현이 자유로운 세상을 창조하는 법을 터득하고 있다.

당신이 만일 참된 자기에 대한 인식을 전환하지 않으면, 과거 행동을 되풀이할 것이다. 잠재 인격은 당신에게 어떤 작업이 남아 있는지, 재발하는 패턴을 해결하려면 뭘 해야 하는지, 그 교훈을 터득하려면 무엇이 필요한지 알려줄 수 있다. 만일 당신이 기꺼이 경청한다면 잠재 인격은 재미있고, 솔직하며, 도량이 깊고, 아량이 넓다는 사실을

(당신에게는 우주에서 가장 지혜로운 존재임을) 알게 될 것이다. 이런 것은 잠재 인격이 당신에게서 나오는 대답을 당신에게 주고 있기 때문이다.

당신은 내면으로 들어감으로써 당신이 아는 누구에게나 다가갈 수 있다. 그러려면 고요해져서 잠재의식으로 그 인격체를 불러내기만 하면 된다. 특정 인격을 마음에 떠올린 다음 대화하기 시작할 때, 원하는 것이 무엇이든 그에게 물어볼 수 있다. 어떤 특정 문제를 어떻게 생각하는지, 무슨 조언을 해줄 수 있는지 물어볼 수 있다. 모든 이의 소리가 당신 내면에 있으므로 당신이 타인에게서 듣고 싶은 대답은 내면에서 나올 수 있다. 연인, 가족, 친구, 미해결 관계, 영웅, 구루, 당신이 외면하는 사람, 당신을 외면하는 사람… 모든 사람이 당신에게, 당신을 통해 말할 수 있다.

2년 전에 나는 앞으로 뭘 할지 결정하느라 고민하고 있었다. 그때 나는 눈을 감고 나 자신에게 '누구에게 조언을 구해야 하는가?'라고 물었다. 그러자 얼마 전 내가 알게 되었고 굉장히 존경하는 사람으로 바로 내 친구 스티브의 얼굴이 떠올랐다. 하지만 내가 그를 성가시게 할지도 몰라서 며칠간 결정하지 못하고 오락가락했다. 우린 최근에는 아주 친하지 않았기에, 내 직업과 남자 친구 문제로 그에게 연락하는 것이 왠지 좀 어색해 보였다. 어느 날 명상 중에 스티브를 떠올리고는, 처음 해보지만 밑져야 본전이라는 심정으로 내가 어떻게 해야 할지 물어 보았다. 그러자 엄청나게 놀라운 일이 일어났다. 그는 자신을 그런 상대로 여겨주어 고맙다고 말하면서, 내 모든 질문에 간단명료하게 대답해 주었다. 대화를 끝내자 마치 그와 진짜 한 시간을 보낸 기분이 들었다. 정말 놀라운, 심안心眼이 열리는(단순하고, 직접적인, 딱 맞는) 체험이었다. 게다가 그를 만나러 가지 않아도 되었고, 전화조차 걸 필요가 없다니! 몇 달 동안 나는 내면의 스티브에게 여러 가지 조언을 구했다. 나의 내면에서 진정한 친구 한 명을 발견한 것이다.

친구 사라는 나와 비슷한 기법을 사용했다. 나는 아버지가 돌아가신 바로 직후, 상심하던 중에 그녀를 찾아갔었다. 그때 나는 아버지가 내 아들 보우를 본 적이 없었기에 더욱 슬펐다. 사라는 내게 눈을 감고 보우와 함께 노는 아버지의 모습을 마음으로 그려보라고 했다. 아버지가 보우에게 항상 너를 보호하면서 주위에 있다고 말하며 내 앞에 서있는 것 같았다. 아버지는 보우에게 할아버지가 음악을 너무나 사랑하니, 보우도 음악의 즐거움과 아름다움을 찾아내길 바라며, 할아버지가 남겨두었던 악기 중의 하나를 보우가 연주해 보기를 바란다고 말했다. 이것은 감동적이고 아주 소중한 경험이었다. 그것은 아버지를 잃은 것에 관해 내가 느꼈던 방식을 바꾸었다. 사라와의 세션을 마친 나는 아버지가 항상 나를 인도하고 위로할 것이며, 음악에 대한 아버지의 사랑을 보우와 나누면서 보우와 더욱 가까워지게 할 수 있다는 것을 확신했다. 상실감은 희망 없는 절망의 허탈감에서 낙천주의로 도약했다.

당신의 잠재 인격들은 당신이 찾아와서 그들에게 요청하기를 기다리고 있다. 그들은 관심과 수용을 원할 뿐이며, 과거가 아닌 미래의 목소리다. 당신이 아는 사람의 형상으로 오든, 어떤 그림자의 모습으로 오든 언제나 당신을 인도하고 받아들이고 위로하려고 존재할 것이다. 당신 자신과 벗이 되면, 자기의 손실과 타인의 손실 간에 돌고 도는 주기에서 벗어날 것이다. 당신은 우리가 절대로 누군가를 잃지 않고 단지 관계의 형태만이 바뀐다는 진실도 파악할 것이다. 그들이 물리적으로 존재하지 않을 수는 있지만, 언제나 우리 내면에 존재한다. 당신이 자신에 대해 미워하는 모든 것을 되찾게 되면, 온 우주에 접근하는 내면의 세계가 펼쳐진다.

우리에게는 각자 행복하고 완전해지는 데 필요한 모든 것을 자신에게 부여할 능력이 있다. 우리가 '전체적 자기'와 다시 연결되면 외로움, 분리, 소외를 느끼는 것은 실질적으로 불가능하다. 그래서 우리 내면에서 우주를 찾아내고, 그 우주를 어떻게 사랑하며 존경하고 존중할지 터득할 필요가 있다. 그다음에야 우리는 자신의 위대함을 수용할 수 있다. 내면세계의 마법을 발견해야 자기 자신을 경외하게 된다. 그런 경외와 함께 내 인간성에 대한 평화와 만족, 고마움이 생긴다.

각각의 잠재 인격마다 당신을 위한 나름의 선물이 있다. 당신이 좋아하든 아니든 당신의 각 측면마다 당신 삶을 이롭게 할 수 있다. 오직 어둠만 있다고 여긴다면 자신을 속이는 짓이다. 당신의 각 부분마다, 우주의 각 부분마다 빛은 존재한다. 자신의 선물을 찾지 않는다면 삶의 놀라운 계획을 무시하는 것이다. 당신의 영혼은 이런 소중한 교훈을 터득하길 갈망한다. 자기 영혼의 여정에 대한 판단을 멈추고, 우리의 인간성과 영원한 선에 대한 계획을 신뢰해야 한다. 옛말에 "만물은 성장해야 한다. 아니면 죽은 것이다."라고 했다. 우리의 고귀한 목적은 체험에서 터득하여 '성장'하고, 그다음 지속하는 것이다. 일단 자신에게 있는 특성의 유익함을 이해하면 자신이 소망하는 체험을 자유로이 선택하게 된다.

❂ **실습**

　산책이나 목욕을 한 다음, 긴장이 완전히 풀어졌을 때 이 실습을 하십시오. 당신은 이제 내면의 소리와 만날 것입니다. 그러므로 마음을 최대한 고요히 하십시오. 일어나자마자 혹은 잠들기 전이 적절합니다. 부드러운 음악을 틀고 촛불을 켜서 편안한 분위기를 조성하십시오. 눈을 감고 호흡을 따라가십시오. 길게, 천천히, 깊게 들이마시고, 5초 이상 멈춘 후, 서서히 내쉽니다. 마음이 고요해질 때까지 네다섯 번 반복하십시오.

　이제 노란 대형 버스에 탄다고 상상합니다. 버스의 좌석 중간쯤에 앉습니다. 당신은 오랫동안 기다려온 여행을 떠나기에 설렙니다. 화창한 날, 길을 따라 달립니다. 잠시 사업에 대해 생각하고 있는데 누군가 어깨를 톡톡 칩니다. 올려다보니 그 사람은 "반갑습니다. 전 당신의 잠재 인격 중의 하나죠. 이 버스에 탄 사람들도 마찬가지고요. 왜 당신은 일어나서 누가 탔는지 둘러보지 않나요?"라고 말합니다. 그리고 당신은 자리에서 일어나 버스 안을 돌며 사람들을 살펴봅니다.

　여러 부류의 사람이 보입니다. 키 큰 사람, 작은 사람, 청소년들, 노인, 청소부, 동물들, 노숙자도 보입니다. 게다가 각기 다른 국적, 피부색, 종교를 가진 사람들이 당신과 함께 버스를 타고 있습니다. 일부는 당신의 눈길을 끌려고 손짓하고, 일부는 그저 조용히 구석에 숨어 있는 사람도 있습니다. 계속 통로를 걸으면서 천천히 버스 안의 모든 사람을 마음으로 그려봅니다. 이제 버스 기사가 당신에게 잠재 인격 가운데 한 존재와 근처 공원에 내려 산책하도록 권유합니다.

그다음 당신은 시간을 내서 잠재 인격과 손을 잡고 버스에서 내려 공원으로 들어가는 모습을 상상합니다.

그 존재와 함께 앉아서 이름을 물어보고 그 이름이 어떤 특성을 담고 있는지 당신에게 말해달라고 부탁하십시오. 이름이 들리지 않는다면 당신이 이름을 지어줍니다. 예를 들어 만일 당신이 화난 인격을 만났다면, '화난 놀부'나 '화난 진' 등의 이름을 붙일 수도 있겠습니다. 시간을 들여 여유롭게 하십시오. 이 존재가 어떤 옷을 입었고 어떻게 생겼는지 살펴봅니다. 어떤 냄새를 풍깁니까? 분위기나 몸짓들도 살펴보십시오. 그리고 또다시 심호흡을 한 다음, 나에게 줄 선물이 무엇인지 묻습니다. 선물을 받은 다음, 내가 완전해지거나 내 심혼에 통합되기 위해 무엇을 바라는지 물어보십시오.

대답을 듣고 나서 다시 "나한테 해줄 말 더 없나요?"라고 묻습니다. 다 마치면 내가 제대로 이해하는지 확인하고, 함께 다시 버스로 돌아갑니다. 그다음 눈을 뜨고, 준비된 메모장을 꺼내어 그 잠재 인격에게서 받은 메시지를 적으십시오. 그리고 최소한 10분 동안 자신의 경험도 적습니다.

당신의 잠재 인격에서 필요한 모든 대답을 듣지 못했다고 해도 걱정하지 마십시오. 그들의 메시지를 전부 듣는 것은 시간을 들여서 숙련돼야 하는 작업입니다. 이렇게 다시 행할 날짜를 잡으십시오. 이 과정은 자신에게 몰입하기 위해 편안한 환경을 조성해야 하는 실습입니다.

8장 자기 재해석

   치유되지 않은 채로 놔두면 과거가 당신 삶을 파괴할 것이다. 그 과거는 당신 고유의 재주·창조성·재능을 묻어버린다. 당신의 이런 부분을 되찾지 않는다면 그것은 당신 내면에 침체되어, 세상과 조화를 이루지 못하고 세상에 거슬러 사용하게 된다. 즉, 당신은 세상에 화가 나 있어서 세상을 바꾸고 싶다고, 단지 세상이 달랐다면 꿈같은 삶을 살게 될 거라고 생각한다. 하지만 변화가 필요한 대상은 바로 '당신'이다. 당신은 끈기가 없고, 내면의 유익한 힘을 존중하지도 않으며 진정한 소망에 맞춰 자신을 표현해내지 못하는 자신에게 불만이 있는 것이다. 어릴 적 당신을 억압한 부모에게 불만이 있다고 생각하지만, 실제로는 아직도 그 억압이 남아 있는 자신에게 불만이 있는 것이다. 이것은 마치 오래 전에 누군가 당신을 감옥에 가뒀고, 감옥에서 나온 후에도 여전히 창살을 상상하며 힘들어하는 것과 같다. 여기서 감옥은 당신의 자발적 제한, 자기 불신, 두려움이다. 또 꿈을 이뤄가는 과정은 어렵다고 배웠다. 꿈을 추구하지 않는다는 걸 알면서도, 날마다 살아가기 것이 얼마나 힘든지 이해했다고 할 수는 없다. 당신에게는 소망조차 없는데, 그 소망은 당신의 모든 영적 잠재력을 실현하는 열쇠다. 당신에게 절망만이 남아있는데, 그 절망은 몸에는 병으로, 심혼에는 분노로 조금씩 쌓이다가 그 자체를 드러낸다. 결국 당신이 과거와 화해하고 싶지 않다면 절망과 분노를 미래로 고스란히 끌고 갈 것이다.

　과거에 분명히 바라보았지만 당신이 외면했던 자신의 측면을 되찾는 힘은 바로 당신 내면에 있다. 해야 할 일은 눈을 감고 내면으로 깊이 들어가 물어보라. 당신에게 필요한 파워가 바로 그곳에 있지만, 삶을 바꾸려는 소망이 그대로 머물려는 욕망보다 훨씬 강할 때에만 발휘될 것이다. 당신 삶의 조건 때문에 타인을 비난하기가 더 쉽다. 자기 자신과 접촉이 끊기면 신성과도 접촉이 끊기고, 자기 자신을 신뢰하지 않기에 타인은 신뢰할 수 없다고 믿게 된다. 어떤 사람들은 과거의 고통이 너무 커서, 그들이 대처할 수 있는 유일한 방법은 그저 비난하고 부인하는 것이라고 믿는다. 현재를 바꾸고자 한다면, 과거를 받아들여야 한다. 당신의 소망을 현실에 구현해내고 싶다면, 당신 세계에서 일어나는 모든 것에 책임져야 한다.

　누군가의 미래를 보고 싶다면, 그 사람의 과거를 살펴보아야 한다. 미래는 이미 겪었던 과거의 변형으로 나타나기 때문이다. 이런 변형이야말로 다수 사람이 추적하기 어렵게 하고, 그들의 시야를 모호하게 하며, 그들이 꿈을 접게 만든다. 주위를 둘러보면, 사람들은 대부분 똑같이 살아가는 모습으로 보일 것이다. 지금 보이는 그들의 삶은 20년 후에도 원래의 테마에 사소한 변화만 있을 것이다. 핵심 문제는 성별이나 재산, 건강, 직업에 상관없이 언제나 적용된다. 당신이 말하고, 보고, 사는 방식은 당신의 과거에 의해 결정된다. 일부 사람은 자기 자신의 과거뿐만 아니라 부모의 과거 역시 끌고 가고 있는데, 이때 고통은 대대로 이어진다. 그리고 그것에 의문을 품지 않는다면, 당신은 그 대물림을 결코 깨뜨리지 못할 것이다.

언제나 당신의 어린 시절과 가족에 묶여있는 자신의 핵심 믿음 때문에 당신은 자신의 일부를 부인하기 시작한다. 부모가 하거나 하지 않았던 행동들은 당신의 삶에 커다란 영향을 끼쳤다. 보육인과 교사들 역시 지금의 내가 있게 일조한 사람들이다. 또 당신이 세 살, 혹은 여섯 살, 여덟 살 때 경험했던 고통들은 의식의 아래쪽에 있다가, 그것이 탈바꿈할 때까지는 언제나 당신의 삶을 조종한다. 사람들은 대부분 자신이 의식적으로 어떤 핵심 믿음을 선택했는지 알아보려고 절대 탐구하지 않는다. 나는 작가나 예술가가 되고 싶어 하는 사람들을 매주 만나지만, 그들은 자신의 소망을 성취할 수 없다고 확신한다. 그 이유를 물어보면 그들은 재능이 부족하거나 제대로 배우지 못해서라고 대답한다. 이처럼 그들은 자신의 핑계거리는 믿지만, 정작 자신의 꿈에 대해서는 확신이 없다. 그래서 그들이 확신하는 근원을 탐구해보면, 사랑하는 사람에게서 직·간접적으로 자신의 꿈을 성취할 수 없으리라는 말을 빈번히 들어왔다는 사실을 확인하게 된다. 그들은 결코 이 관념에 의문을 품지 않았기에 이미 그 덫에 빠졌고, 가슴의 소망을 달성하려는 노력조차 하지 않는다.

우리의 삶을 좌우하는 핵심 믿음은 '난 할 수 없어. 나에게는 그런 일 없을 거야. 난 자격 없어. 난 부족한 인간이야.'처럼 들린다. 최근 할리라는 21세 여성이 치유 과정을 밟으러 왔다. 우울증의 고통으로 자신을 책임지지 못하는 그녀는 아직도 어머니와 생활하고 있었다. 할리는 강의 내내 가만히 앉아 아래를 내려다보며 타인의 시선을 피했고, 손으로 탁자를 두드려대는 버릇이 있어서 주위 사람들의 신경을 거슬리게 했다. 그녀는 휴식 시간에 종종 태아 자세로 운동장에 있었다. 모두 함께 식사할 것을 권했는데도 할리는 항상 혼자였다. 다음 날, 나는 할리 곁을 지나가다가 그녀에게 '불쌍한 나'라는 느낌이 있는지 물었다. 이에 그녀는 당혹스런 웃음을 지으며 "나요?"라며 반문했다. 할리의 소리 없는 메시지가 너무 커서 내게는 외침처럼 들렸기에 나는 웃음을 참을 수 없었다. 나는 할리 옆에 앉아 그녀가 세상에 전해주고 있는 게 뭐라고 생각하는지 물었다. 하지만 그녀는 자신을 불쌍하게 여기지 않으며, 오히려 스스로 불쌍하다고 여기는 사람들을 미워한다고 말했다. 그런 그녀의 어머니도 미워했다. 나와 보조자 레이첼이 할리의 행동을 지적했을 때, 그녀의 삶에 대한 모든 수수께끼가 한순간에 풀리는 것 같았다. 할리는 내심 자신이 사랑받을 가치가 없다고 믿었음을 고백했다. '불쌍한 나'는 관심을 얻고자 하는 방편이었다. 아이처럼 행동하고, 심지어 말하는 모양새조차 아이와 같았던 어머니에게서 자랐기 때문에 할리는 관심을 끌고자 어머니를 능가하는 애절 모드를 터득했던 것이다.

　사랑받을 자격이 없다는 핵심 믿음도 할리가 자신의 어머니에게 투사했기에 정작 할리 자신에게는 없는 줄 알았다. 그런 그녀는 자신을 분명하게 볼 수 없었다. 자신은 어머니와 다르다는 믿음에 온통 에너지를 쏟았지만, 그녀가 우리에게 어떻게 보이는지를 말하자, 할리는 자신의 행동이 바로 자기가 어머니를 바라본 그대로임을 깨달았다. '불쌍한 나'를 받아들이고 소녀 같은 행동을 의식하게 됨으로써 할리는 그 반대의 특성, 즉 '나는 책임지는 여성이다.'라는 의식도 떠오르게 되었다. 그리고 몇 달 후 할리는 직장을 구했고, 어머니의 집을 나와 자신만의 공간을 마련했다. 자신감이 생긴 할리는 한 남자를 만났고, 처음으로 친밀한 관계를 맺기 시작했다. 자신을 지배하던 핵심 믿음을 기꺼이 인정하고 정직하게 검토하자마자 그녀는 비로소 새로운 삶을 살아갈 자유를 얻었다.

우리는 가족에게서 무의식적으로 다양한 믿음을 채택한다. 우리의 나머지 선택은 '이 믿음이 나를 힘있게 하는가?'라는 의문조차 없이 이런 믿음으로 채색된다. 우리는 가족의 전철을 그대로 또다시 밟곤 한다. 당신이 채택한 현실이 행복하다면 좋겠지만, 그렇지 않다면 의문을 품어라. 편견은 전해지는 법이다. 고통도, 죄악도, 수치도 대대로 이어진다. 당신의 문제는 당신만의 것인가, 아니면 조상에게서 물려받은 것인가?

나의 할머니는 고질적 염세주의자다. 그녀의 핵심 믿음은 '나쁜 일들은 일어나게 되어 있다.'라는 것이었다. 어머니는 전혀 걱정하지 않는데, 나는 할머니의 그런 면을 물려받았다. 그런 나는 자주 할머니와 같은 방식으로 생각한다. 우리는 자식의 안위에 관해 서로 걱정을 비춰주는데, 이런 내리사랑은 흔한 모습이다. 지금은 명백하지만, 증조할아버지에게서 할머니로, 할머니에게서 내게로 이어졌다는 사실을 깨닫는 데 몇 년이 걸렸다. 걱정하는 나 자신을 발견하면 나는 멈춰서 정말로 걱정하는 건지 아니면 오래된 핵심 믿음을 행동화하는 것뿐인지 자문한다. 걱정할 것이 없다는 것을 확인하고 내 가족의 패턴에 들러붙어 있는 점을 인정한 후, 나는 나 자신만의 진실을 확신할 수 있게 됐다. 나 자신을 면밀히 살핌으로써 자동으로 반응하던 것을 멈출 때마다 나는 내 의식을 끌어올렸고, 그때야 과거에서 벗어날 수 있게 되었다.

많은 사람이 부모처럼 절대 되지 않겠다고 결심하지만, 우리는 부모의 긍정·부정적 성질 모두 흡수하며 살아왔다는 사실을 인정해야 한다. 물론 우리의 부모들도 주어진 과거에 나름의 최선을 다했다. 우리가 양육된 방식을 바꿀 수 없지만, 우리의 과거 체험에서 기꺼이 교훈을 찾아낸다면, 각각의 사건이 우리에게 터득하고 성장할 기회를 제공했다는 사실을 인정할 수 있을 것이다. 수년간 할아버지에게 성적인 괴롭힘을 당해온 한 친구는 "세상에서 체험이 아주 풍부한 사람이 되었기에 과거의 학대에 대해 신께 감사해. 덕택에 나는 과거의 고통과 학대를 어떻게 다뤄야 할지 터득했어."라고 말했다.

모든 부정적인 사건은 사실 알고 보면 축복이다. 나쁜 일들은 아무 이유 없이 일어난다는 환상에 사는 사람들도 있다. 하지만 고통에는 목적이 있고, 우리를 더 고귀한 수준의 인식으로 이끈다. 하루는 TV에서 대여섯 명의 젊은이가 해변에서 체포되는 모습을 본 다음 명상을 하면서 나는 신에게 "이런 멋진 여름밤에 그 청년들은 해변에 왜 불을 내야만 했을까요?"라고 물었다. 내면에서 "그것은 그 청년들이 집으로 돌아가게 하는 영의 이끎이었다."라는 목소리가 들려왔다. 실제로 감옥에 가보면 빈번히 경전 읽기와 종교의식에 참여하는 수많은 과격한 젊은이가 있을 것이다. 한 번도 신을 찾지 않았던 사람이 이제 답을 구하러 영혼을 찾고 있다. 우리 삶의 도전은 자신의 열정을 억압하고 영적 중심에서 멀어지게 하는 과거에서 우리를 자유롭게 해주는 통찰력을 제공할 때가 있다.

옛 가르침에 "세상은 지혜로운 자에게는 스승이지만, 어리석은 자에게는 적이다."라는 말처럼, 어떤 일도 그 자체로는 괴롭지 않으며 단지 관점의 문제일 뿐이다. 세상에 일어나는 모든 일이 매 순간 제대로 진행되고 있다는 진실을 이해하는 것이 중요하다. 즉, 어떤 실수도 우연도 없다. 세상에는 천국과 지옥, 양면이 있다. 저것 없이는 이것도 있을 수 없음을 이해할 때, 세상을 있는 그대로 받아들이기 쉽다. 나도 거짓과 위선, 상처와 고통, 마약과 섹스로 얼룩진 내 과거를 되돌아본다. 하지만 동시에 내가 깨달은 것은, 오랫동안 내가 겪었던 이런 경험과 그 어둠이 없었다면 오늘날의 방식으로 가르칠 수 없을지도 모른다는 것이다. 과거의 모든 사건, 잠 못 이룬 밤, 모든 눈물은 내 영혼의 여정을 거의 완수할 수 있게 해주었다. 아무도 내가 말하는 방식으로는 내가 말하는 내용을 말할 수 없다. 아무도 내가 하는 방식으로는 내가 하는 일을 할 수 없다. 나는 나고, 당신 역시 당신이다. 우리는 각자 고유하고, 누구나 특별한 여정을 겪는다.

내가 13살적에 부모님이 이혼했다. 이 사건이 수년 동안 감정적으로 힘들게 했다. 휴일이면 나는 슬프고 우울해져서, 빨리 새해가 되어 모든 것이 정상으로 되돌아갔으면 했다. 그러던 어느 날, 내가 그렇게 기분이 나쁜 이유를 알았다. 나는 휴일이면 항상 엄마와 함께 지냈는데, 바로 그 추수 감사절에 혼자 지내는 아빠에 대한 생각이 나를 힘들게 한다는 생각이 떠올랐다. 게다가 아빠 없이 지낸다는 사실이 나를 더 힘들게 했다.

하지만 내가 어찌 할 수 있는 상황이 아니라는 사실을 알기에 시무룩한 채로 지냈다. 가치 없음과 무력함을 느꼈지만 나는 그 과거가 마무리됐다는 선언으로 "내가 창조했구나."라고 외쳤다. 내가 성장할 수 있도록 이런 상황을 창조했다. 내 앞의 현실이 싫다면 다른 현실을 창조하면 될 것이다. 그래서 나는 다른 시나리오를 상상하기 시작했다. 아빠에게 가서 점심을 먹고서 잽싸게 엄마에게 가서 저녁 먹는 상상을 하고, 또 아빠에겐 가고 엄마에겐 가지 않는 상상도 했지만, 이 모든 시나리오가 내 마음에 들지 않았다. 그때 아이디어가 떠올랐다. 추수 감사절 때마다 저녁 식사에 초대하던 엄마에게 이번에는 내가 하겠다고 제안했다. 엄마는 호들갑을 떨며 근사한 생각이라고 말했다. 그다음 나는 엄마에게 아빠와 가족들도 초대하고 싶다고 제안하며, 모두 함께 하는 자리는 내게 정말 큰 의미가 되리라고 말했다. 순간 정적이 감돌며, 조마조마해서 죽는 줄 알았다. 잠시 후 "네가 원하는 거라면, 그렇게 하렴."라는 엄마의 목소리가 들릴 때까지는.

기쁨에 들뜬 나는 전화기로 달려가 아빠의 가족을 초대했다. 아빠는 깜짝 놀라며 엄마는 어떻게 할 건지 물었고, 엄마의 가족도 모두 올 거라고 말했으며, 아빠도 동의했다. 거기에 길이 있었다. 순식간에 나는 불가능하다고 생각했던 상황을 도출해냈다. 또 형제자매에게도 전화해서 엄마와 아빠 가족이 모두 참석한다고 말하자 그들은 매우 놀라면서도 다소 회의적이었다. 하지만 모두 한자리에 모였고 유익한 시간을 보냈다. 나는 서로 어색해하지 않도록 친구 몇몇과 가족들도 초대했고, 함께 앉을 수 있는 크고 긴 테이블을 준비했다. 참석한 33명 모두 각자 좋아하는 음식을 가져와서 명절의 참뜻을 되새겼다. 그 후 내가 그 집을 팔고 서부로 이사 갈 때까지 3년 동안, 나는 매년 추수 감사절에 양쪽 가족들을 모두 초대했다. 지금의 현실을 내가 창조했다고 책임을 짐으로써 나는 새로운 현실이 나타나는 것을, 지금까지도 기적처럼 보이는 현실을 목격할 수 있었다.

당신의 과거에서 지혜와 자유를 얻으려면, 자기 삶에서 일어났던 모든 사건에 대해 책임져야 한다. 책임진다는 것은 "내가 그걸 했다."라고 자기 자신에게 말할 수 있음을 의미한다. '세상이 당신에게 영향을 주는 것'과 '당신이 자기 자신에게 영향을 주는 것'은 엄연히 다르다. 그러므로 자신의 삶에서 일어나는 사건과 그 사건의 해석에 대해 책임질 때 당신은 아이의 세계에서 나와서 어른의 세계로 들어간다. 또 자신의 행동과 수수방관 모두에 책임짐으로써, 우리는 "왜 하필 나인가?"라는 견해를 포기하고, "교훈을 터득할 필요가 있어서 내게 일어난 일이니, 그것은 내 여정의 일부다."로 바꾼다.

니체에 따르면 과거를 외면하는 것은 실존하고 싶지 않다는 것이다. 우리가 과거를 매듭짓고 화해할 때까지는 우리 삶을 특정한 방향으로 지향하는 것이 거의 불가능하다. 오히려 우리의 삶에 일어났던 중대한 사건이 세상과 자신을 보는 방법을 바꾼다. 때로는 과거 전체를 되돌아보는 작업은 힘에 버거울 수도 있지만, 꼭 필요한 과정이다. 과거는 우리를 인도하고 가르쳐주는 축복이며, 부정적인 메시지뿐만 아니라 다수의 긍정적인 메시지도 전해준다.

어느 날 친구 낸시가 전화해서 자기 삶에 대해 불평을 늘어놓았다. 거울을 볼 때마다 자신의 몸매가 밋밋해지고, 얼굴이 점점 어머니를 닮아간다며, 모든 스트레스, 걱정, 실망이 자신의 얼굴에 새겨져 있는 것 같다고 말했다. 안면홍조 증세와 슬프고 침울해지는 얼굴에 대해 무슨 해결 방법이 없겠냐고 내게 물었다. 그녀는 잃어버린 젊음을 되찾으려는 방법으로 젊은 임산부처럼 보이기 위해 체중을 늘리고 있는 자신을 자각했다고 말했다. 낸시와 나는 그녀를 위한 명상 프로그램을 짜고, 28일 동안 매일 분노 풀기 작업을 했다. 그녀는 과거에 대한 감정을 매듭짓고 모든 묵은 감정을 털어버릴 필요가 있었다. 낸시는 기꺼이 마음을 활짝 열고 노화, 비만, 추함, 애절 등 그녀가 되고 싶지 않은 단어에 집중하면서 방망이를 두드렸다. 그렇게 28일을 보내고 나자 낸시는 마무리되었음을 느꼈다. 도중에 그녀에게 다른 문제들이 나타났는데, 그래도 낸시는 각각의 사건에 대한 새로운 해석을 창안하고 찾아내는 데 필요한 만큼 시간을 냈다. 그것은 여러 달이 걸렸지만, 결국 그녀는 자기 자신을 완전히 사랑하고 함양할 자세가 됐다는 느낌이 들었다.

그다음 28일 동안 낸시는 자기 존재의 모든 부분을 사랑하는 데 보냈다. 그녀는 안기고 싶어서 그녀 자신을 껴안고 키스했다고 말했다. 자신을 완전히 용서했고, 마침내 평화가 찾아왔다. 최근 낸시는 나에게 전화해서 성형수술을 하기로 정했다고 말했다. '늙음'을 받아들이지만, 이젠 아주 새로운 차원의 '젊음'도 받아들일 수 있다고 덧붙였다. 그녀는 자신이 아직도 '늙음'에서 도망치려고 하는지 내 의견을 알고 싶어 했다. 우리는 잠시 이야기를 나누었는데, 그녀에게 성형수술이 꼭 필요한 것은 아니지만, 그녀의 인생과 직업에서 더욱 활력 있게 하겠다는 결정이었음이 분명했다. 낸시는 미학자이자 분장전문가다. 나는 자신을 있는 그대로 사랑하면서도 겨드랑이의 털을 깎고 머리 손질하는 사람이 많다고 설명했다. 우리는 더 잘 보이려고 이렇게 하고 있으며, 우리가 의식적으로 선택하는 존재인 한, 또 자기 자신에게서 도망치지 않은 한 그것에는 아무 문제없다.

낸시는 그 말이 기적처럼 딱 맞아떨어졌다고 설명했다. 하루는 그녀가 시간제로 근무하던 한 성형외과에서 간호사가 그녀에게 컴퓨터로 환상적인 얼굴을 만들어보고 싶지 않느냐고 물었다. 낸시는 재미삼아 한번 해보았다. 모니터에 자신의 새로운 이미지가 그려졌지만, 그럼에도 그녀는 결코 성형을 진지하게 고려하지 않았다. 몇 달 후, 낸시는 남편에게 그 경험을 이야기했는데, 아무런 요청도 하지 않았음에도 수술을 받고 싶다면 돈을 내겠다고 남편이 말했다. 낸시는 바로 그 순간이 완벽했다고 말했다. 결국 낸시는 수술을 받고, 결과에 아주 만족한다. 사실 낸시는 있는 그대로의 자신이 마음이 들 때에야 성형수술을 생각이라도 해보려고 했었다. 낸시의 고통은 그녀로 하여금 내면 작업을 하게끔 인도했다. 내면의 자기를 탈바꿈함으로써 그녀는 자신의 외적 모습도 탈바꿈할 수 있었다.

  우리의 고통은 훌륭한 교사가 될 수 있다. 그것은 우리를 한 번도 가보지 못한 곳으로 이끈다. 영혼의 여정을 찾아내고 성취하기 위해서 20년을 고통 속에서 보내겠다는 사람이 과연 몇이나 될까? 나 역시 그렇게 많은 고통을 겪지 않았더라면, 아마도 귀를 막고 잘난 체하면서 여전히 마이애미 해변에서 보트를 타고 일광욕을 즐기고 있을 것이다. 긍정과 부정 모두 지금의 나를 있게 했다. 지금 나에게 있는 것을 얻기 위해 다시 모든 고통을 겪기로 선택하겠는가? 물론이다! 나는 내 과거와 고통을 고맙게 여긴다. 하지만 내가 나의 어둠을 받아들이기 전에는 고통을 미워했다. 고통을 원망했고, 고통 없이 사는 것으로 보이는 사람들에게 분개했다. 나의 행동에 대한 책임을 수용하는 데 오랜 시간이 걸렸다. 아무런 책임도 지지 않으려고 너무나 애썼다. 내 삶을 고귀한 버전version으로 바라볼 자세가 되고 나서야 나는 신이 내게 뭔가를 애써 가르치고 있고, 내가 어둠을 극복해야만 발견할 수 있는 특별한 선물을 받았다는 사실을 깨달았다. 이제는 내가 가려는 목적지에 도달하려면, 무엇이 필요한지 터득하기 위해 내 과거의 모든 사건에 대해 책임지려고 한다.

책임진다는 것은 큰 임무다. 사람들은 대부분 좋은 일에는 기꺼이 책임을 지지만, 나쁜 일에는 자주 책임을 회피한다. 책임질 때 우리는 더욱 힘있게 될 수 있다. 비록 발생하는 사건 때문에 우리가 상처를 입거나 수치심을 느낄지라도, 그것이 어떻게든 우리의 꿈을 실현하거나 우리 영혼의 여정을 지도하며 우리 각자를 돕고 있다는 점을 알게 된다면 안심할 수 있다. 우리는 자신을 바라보고 "세상은 캔버스이다. 내가 귀중한 교훈을 얻으려고 이런 사건을 내 삶에 그려 넣는다.(끌어들인다)"라고 말할 수 있다. 그러면 우리는 자신에게 일어나는 모든 사건을 설명할 수 있게 되고, 우주에게 "나는 내 현실의 원천이다."고 말한다. 이런 것이 바로 당신의 삶을 바꿔버리는 파워의 자리다.

당신이 과거를 제대로 직시할 때까지는, 그것은 당신 삶에 같은 사건을 일으키면서 언제나 남아 있을 것이다. 심리학자인 롤로 메이는 정신이상을 '같은 행동을 반복하면서 다른 결과를 기대하는 것'으로 정의했다. 우리는 과거에서 터득해야 하고, 우리가 부인해왔던 자신의 부분을 되찾아야 한다. 이것이 바로 악순환을 깨뜨릴 수 있는 방법이다. 나쁜 경험에서 뭔가를 터득했고, 자신의 감정에 책임졌다. 삶을 바꾸려고 의식적으로 노력했던 사람들은 좀처럼 같은 상황을 되풀이하지 않는다. 이처럼 우리가 인식하면서 삶에 접근하면, 창조하고 싶은 것에 관해 새롭고 다른 결정을 시작할 수 있다. 우리에게 필요한 것은 인식의 도약이다.

우리의 인식을 바꾸기 위해, 자신이 책임지게 하는 효과적인 해석을 찾아낼 때까지, 우리의 과거를 순간순간마다 탐색해야 한다. 우리는 왜 자신의 잘못이 아닌지 이유와 핑계를 대려고 소중한 에너지를 낭비한다. 우리가 세상에 대해 싫어하는 점 때문에 언제나 타인을 비난하기가 훨씬 쉽지만, 그것은 막다른 길이다. 당신이 상황의 희생자가 될 때는 언제나 절망과 무력함의 고통이 있지만, 우리는 모든 것이 이유가 있어 일어나는 우주에 살고 있다. 삶에서 일어났던 모든 사건에서 신의 은덕을 찾아내라. 그러면 감사하는 마음도 생길 것이다. 그때 당신은 축복받는 것이 어떤 느낌인지 체험할 것이다.

여전히 감정적으로 부담되는 어떤 말, 사건, 사람도 회고하고, 직면하고, 대체하고, 받아들여야 한다. 우리는 감정적으로 부담되는 근원을 회고할 필요가 있다. 그다음 그 사건에 직면하여 전체 맥락에서 그때의 현실에 책임이 있음을 인정하고, 그 사건이 우리 삶에 끼쳤던 영향을 충분히 인식해야 한다. 그런 다음 우리는 부정적인 감정을 긍정적인 느낌으로 대체하는 다른 관점으로 그 사건을 바라보고, 자신만의 해석을 골라잡음으로써 자신의 삶을 조정한다. 이런 것이 우리가 부인하는 과거를 받아들이고, 타인에게 꽂혔던 감정의 플러그를 뽑는 것을 가능하게 한다.

우리를 무기력하게 하기보다는 전진하도록 자극하는 해석을 골라야 한다. 나는 부정적인 것을 긍정적인 것으로 탈바꿈시키는 간단한 방법은 새로운 해석을 창안하는 것이라고 믿는다. 이 세상에서 일어나는 모든 일은 객관적인 사건이지만, 애초에 정해진 의미는 전혀 없다.

사람들은 제각각 다른 렌즈를 통해 세상을 바라보므로, 어떤 특정 사건을 모두 다르게 인식할 것이다. 즉 사건 그 자체가 아니라 우리의 인식과 해석이 감정에 영향을 준다. 또 책임을 회피하고 비난하는 것도 인식과 해석이다. 당신은 자신의 이기심을 누구의 탓으로 돌리는가? 당신의 중독은? 실패는? 이제는 희생자가 되기를 멈춰야 할 때다. 책임져라. 그러면 자신의 이기심, 중독, 실패를 수용하게 될 것이다. 또 당신이 묶여있던 관대함, 우아함, 신성한 옳음을 놓아버리면, 오히려 그런 존재가 될 것이다. 우리는 각자 자기 자신과 삶에 대한 낡고 퇴보적 시각에 얽매여 있으면 어떤 영향을 받는지 감수해야 하며, 자신의 해석을 바꿔 세상을 바꾸겠다고 의식적인 결정을 내려야 한다. 단어의 해석을 도약시켜라. 그러면 그 단어의 부정적인 부담이 사라질 뿐만 아니라 당신만의 파워도 되돌려줄 것이다.

여기에 당신의 해석을 바꾸도록 도와줄 실습이 있다. 아직도 불리고 싶지 않고 감정적으로 부담되는 단어를 하나 선택한다. 내가 새롭게 해석하고 싶은 단어는 '못난이'이다. 나는 내가 못생겼다는 것에 관한 기억을 더듬어서, 나에게 고통을 일으키고 판단을 형성했던 어릴 적 사건을 찾아낸다. 내가 회고한 뒤 곧 소녀 시절에 아빠가 나를 '돼지코', '삐삐'라고 놀리곤 했던 사건을 기억해낸다. 나의 해석은, 아빠는 나를 사랑하지 않으며 못생겼다고 생각한다. 나는 이런 느낌이 나를 괴롭혔음을 알게 되고, 이제 나는 그 사건을 마주하기로 선택해야 한다. 내가 아직도 그 순간과 그 단어에 결부시키고 있는 고통, 모욕감, 수치심의 감정을 나 자신이 체험하도록 허용한다. 그다음 나는 '못난이'를 받아들이기 위해 그 사건에 관한 새로운 해석을 창조하기 시작한다.

❋ 재해석

긍정적 해석

1. 나는 아름답다. 그래서 아빠는 내게 무척 신경 쓴다. 이런 마음을 나타내기 위해 당신이 아는 유일한 방법은 귀여운 이름으로 나를 부르는 것이다.
2. 아빠는 그 이름들이 귀엽다고 생각하고 애정 어린 표현으로서 나를 그렇게 부른다.
3. 아빠는 나를 너무나 사랑해서 나에게 현실을 준비시키고 싶었다. 그런 그는 나의 아름다움을 깎아 내림으로써 나를 보호할 수 있다고 생각했다.

부정적 해석

1. 아빠는 내가 미워서 내 마음에 상처를 주려고 했다.
2. 아빠는 내가 정말 못생겼다고 생각해서 이것을 나타내기 위해 그가 아는 유일한 방법은 나를 놀리는 거였다.

이렇게 하면 모든 해석을 한 눈에 볼 수 있고, 어떤 해석이 마음에 들고 어떤 해석이 마음에 안 드는지 알 수 있다. 이제 낡은 부정적인 해석을 새로운 긍정적인 해석으로 대체하기로 선택할 수 있다. 나는 항상 나 자신에게 묻는다. "이 해석이 나를 힘있게 하는가, 힘없게 하는가? 이 해석이 나를 나약하게 하는가, 단단하게 하는가?" 만일 당신이 자신을 힘없게 하는 내면 대화를 한다면, 그것을 긍정적이게 하고 힘을 주는 본질적인 대화로 대체할 때에야 바뀔 것이다. 하지만 우리 중 일부 너무 고집이 세고, 우리의 고통과 괴로움에 대한 중독은 새로운 해석을 허용하지 않는다. 그래서 내용을 직접 써놓고 자신이 어떤 특정 사건을 인식할 수 있는 방법을 하나하나 모두 살펴보는 것이 중요한 이유가 바로 여기에 있다. 단지 단어를 쓰는 것만으로도 그 사건에 매인 감정을 흔들어 느슨하게 하고, 가벼운 마음으로 자신이 쓴 해석들에 약간의 흥미와 호기심으로 우리의 선택을 재검토할 수 있게 된다. 우리가 그 해석들을 어둠에서 빛으로 가져가면,(묻어둔 사실을 표면화하면) 그것들은 치유될 수 있다.

이 실례에서 나는 새로운 해석 중 "아빠는 나를 너무나 사랑해서 나에게 현실을 준비시키고 싶었다. 그런 그는 나의 아름다움을 깎아내림으로써 나를 보호할 수 있다고 생각했다."를 선택했다. 나를 미소 짓게 해서 골랐다. 내가 처음 적을 때는 조금 우스꽝스럽게 보였지만, 눈을 감고 어떤 해석이 내 영혼을 함양하는지 자문하자 바로 이 해석이었다. 일단 기존 해석을 대체하자마자, 과거처럼 고통도 없이 '못난이'를 받아들일 수 있었다. 이제 나의 기준점이 도약했고, 아빠의 오랜 습관이 가뿐하고 달콤하기까지 하다. 아빠의 진짜 동기와 관계없이 나는 이제 그 경험에서 평화롭다. 더는 누군가 나를 못생겼다고 생각하는 두려움으로 헤매지 않으며, 못생겼다는 것을 타인에게 투사하지도 않는다. 못난이의 선물은 머리를 빗지 않거나 화장을 하지 않고서도 아주 당당하게 외출하는 자유다.

아무리 사소하든 강렬하든 간에, 당신에게 문제로 느껴지는 어떤 사건이나 단어에 대해서도 우리가 방금 했던 실습을 적용할 수 있다. 나와 함께 그림자 작업을 한 메릴은 총의 위협 아래 강간당했던 사실에서는 어떤 축복도 찾아낼 수 없어서 심각한 어려움을 겪고 있었다. 그 체험에서 자신이 혐오스럽고 하찮은 창녀이고 그런 일을 당해도 싸다는 느낌으로, 무려 15년 이상이나 이런 해석에서 헤어나지 못하고 있었다. 나는 그녀에게 긍정적인 해석 3가지와 2가지의 부정적인 해석을 창안해 보라고 요청했다. 그녀가 골라냈던 해석은 자신을 무력하게 만들고 고통스럽게 한 것임을 분명히 볼 수 있었다. 그래서 그녀는 부정적인 해석을 먼저 창안해냈다.

부정적 해석

1. 나는 반항아며 부모를 미워했기에 도발적인 옷을 입었고, 결국 그런 일을 당했다.
2. 나는 아무 가치 없는 인간쓰레기며, 이용당하고 학대받을 만하다.

긍정적 해석

1. 나는 다만 순진해지려고 애썼던 소녀였다. 이 사건으로 나는 더욱 의식하며 조심하는 사람이 되었다.
2. 이 사건은 알고 보니 축복이었다. 결과적으로 나 자신과 내 몸을 존중하는 법을 터득했다.
3. 나는 결코 희생자가 될 필요가 없다는 점을 터득했다. 이 사건은 자명종이며, 내 영적 존재를 일깨우는 신성한 계획의 일부이다.

메릴이 이 해석들을 쓰자마자, 선택권이 그녀에게 있음을 알았다. 메릴은 긍정적으로 해석할 수 없을 것으로 생각했기에, 부정적인 해석을 먼저 경험했었다. 하지만 마칠 무렵 메릴은 자신을 힘있게 하는 다른 해석들을 발견할 수 있었고, 심지어 그녀가 택한 긍정적인 해석 2번은 진리처럼 느꼈다고 인정했다. "이 사건은 알고 보니 축복이었다. 결과적으로 나 자신과 내 몸을 존중하는 법을 터득했다." 이렇게 메릴이 긍정적으로 해석하자마자, 15년 이상 그녀의 삶을 괴롭히던 '혐오스럽다', '하찮다'는 두 단어를 받아들일 수 있게 되었다. 메릴은 이 측면도 자신에게 선물을 주었다는 사실을 인정함으로써, 상반된 모습이 나올 여지를 만들었다. 메릴은 당당하고 아름다운 여성이 되고 싶었고, 이제는 자기 자신의 통합된 부분에 접근할 수 있게 되었다.

더욱 의식적으로 됨에 따라 힘있게 하는 해석을 선택하는 것이 당신의 책임이라는 사실이 점점 분명해질 것이다. 때론 희생자가 되는 것이 훨씬 쉽지만, 부정적인 관점은 확실히 당신에게 더욱 많은 동일한 결과를 안겨준다. 삶의 선물을 더 많이 인식할수록, 당신에게 일어나는 모든 것에 대해 더욱 신속하게 자신만의 관점을 선택할 것이다. 많은 사람에게 비극적인 일이 일어나고, 이것은 삶의 한 부분이다. 이런 사건을 통해 당신을 힘있게 하는 데에는 용기가 필요하지만, 이런 때를 성장의 기회로 활용한다면 그 일은 축복이 된다.

다음은 줄리아라는 젊은 여성의 실례다. 줄리아는 몇 년 동안 간절히 아이를 원하다가 마침내 임신하게 되었고, 그녀와 남편 모두 무척 기뻐했다. 그런데 임신 14주쯤에 줄리아는 갑작스러운 하혈 때문에 산부인과에 갔다. 하지만 아이의 심장 소리가 들리지 않아 소노그램

sonogram을 이용했지만, 역시 어떤 소리도 들리지 않았다. 태아가 죽은 것이다. 망연자실한 그녀는 상실의 슬픔으로 며칠 동안 계속 울었다. 그녀가 여전히 죽은 태아를 생각할 당시에 나에게 그녀와 작업할 기회가 주어졌다. 나는 그녀에게 이 비극적인 사건을 어떻게 해석하는지 물었고, 줄리아는 울면서 "나는 엄마 자격이 없어요. 아기를 잃은 것은 임신 사실을 알기 전에 마셨던 술 때문일 거예요."라고 말했다.

고통스럽게도 줄리아는 그 비난을 자신에게 돌리고 있었던 것이다. 그녀와 대화하면서, 나는 줄리아가 이번 일을 단순히 나쁜 사건이 아니라, 어떤 의미 있는 일로 해석하고 싶어 한다는 것을 분명히 알게 되었다. 줄리아는 부정적인 해석부터 시작하고 싶어 했다.

부정적 해석

1. 유전적 결함 때문에 나는 만삭 때까지 임신하기 어려울 것이다.
2. 가족과 친구들의 낙태 때문에 내가 벌 받는 중이다.

긍정적 해석

1. 이것은 내가 앞으로 사랑하고 양육할 아기를 위한 하나의 신체 훈련 과정이었다.
2. 이것은 내가 진짜 아기를 소망한다는 사실을 증명했다. 이제는 확고부동하다.
3. 상실과 분리의 고통은 나를 제대로 된 엄마가 되도록 도와줄 체험을 주었다.

줄리아는 세 번째 긍정적인 해석을 선택했다. "상실과 분리의 고통은 나를 제대로 된 엄마가 되도록 도와줄 체험을 주었다." 줄리아는 이 해석에서 몸으로 어떤 파워를 느낄 수가 있었다. 우연은 없다는 것을 알았기에, 그녀는 그 아이를 이 사건이 가져다준 고통이 아니라 선물로 기억하고 싶어 했다. 참으로 사랑과 용기의 행동이었다. 그것은 줄리아로 하여금 삶을 지속하고, 언젠가는 아름다운 아이의 엄마가 될 준비를 하도록 힘있게 해주었다.

우리가 과거를 정리하고 고통을 받아들이려고 필요한 작업을 한다면, 어둠에서 황금 같은 소중한 선물을 발견하게 되리라고 신뢰해야 한다. 우리가 그렇게 하면 우주는 상상 이상의 것을 우리에게 줄 것이다. 우리는 각각 다른 사명을 띠고 이 세상에 태어났다. 그리고 그것을 잘해내는 것은 우리에게 달렸다. 이런 관점에서, 과거의 모든 사건은 우리가 터득하고, 성장하고 변화하고, 탐구할 기회를 우리에게 제공했음을 알게 될 것이다.

자신의 과거와 화해할 때 투사를 거둬들이는 과정도 훨씬 쉬워진다. 자신의 감정과 행동을 부인하면 그만큼 파워와 능력도 버리고 있는 것이다. 당신이 자신의 단 한 측면이라도 부정하면 그것은 완전해지는 데 필요한 어떤 부분을 부인하고 있는 것이다. 우리는 정말 자신의 소중한 측면을 우리가 미워하는 것과 잘 모르면서도 혹한 것에 내어준다. 우리는 너무나 많은 판단과 비판을 해왔기에 자신의 어떤 부분은 받아들일 수 없다. 자신이 틀려서 책임이 있다고 인정할 용기가 부족하다. 우리는 결점이 있는 것을 겁내고, 우리가 타인에 대해 가장 미워하는 모습이 실은 자기 자신에 대해 미워하는 모습일 뿐이라는 사실을 깨닫는 것을 겁낸다. 우리 주위의 보이는 모든 것이 그저 평범하기 때문에 우리의 파워와 명석함이 우리를 고립시킬 거라고 겁낸다. 우리는 거부당할까 너무나 두려워서 단지 주위와 어울리려고 자신의 가장 귀중한 선물을 팔아치운다. 우리는 이것을 생존 수단이라고 배웠고, 더는 스스로 견딜 수 없을 때까지 그렇게 한다. 그런데 그 독한 감정은 너무나 고통스러워서, 우리는 삶에서 자신이 가치 없음을 끊임없이 보여주고, 꿈을 성취할 자격이 없음을 입증하는 환경을 창조한다. 오직 당신만이 악순환을 멈출 수 있으며, "이제는 싫어. 나는 나의 위대함을 원해. 나는 명석해지고, 창조력을 발휘하고, 신성해질 자격이 있어."라고 말할 수 있다.

몇 년 동안 나는 가까운 모든 동료를 신뢰하지 못해 고통스러웠다. 나는 남성을 신뢰할 수 없었고, 기회만 생기면 곧잘 성실하지 않다고 믿었다. 뭔가 내게 문제가 있을지 모른다고는 생각도 못 했다. 그래서 남자 친구가 뭔가 문제될 행동을 하기만 하면 나는 관계를 끊자고 위협하는 과정을 되풀이했다. 마침내 한 남자가 나 자신에 대한 불신을 그에게 투사하고 있다고 말했다. 나는 내가 확실히 충실하고 신뢰 있다고 여겼기에 즉시 부인했다. 나중에 우리가 한바탕 논쟁한 후, 내게 무엇보다 먼저 든 생각은 다음에 만나서 교제할 제대로 된 남성에 대한 기대였음을 깨달았다. 우리가 헤어진다는 말조차 없었는데도, 나는 다른 남성을 상상하고 있었다. 하지만 그것은 단지 상상일 뿐이라고 주문을 걸었기에 나는 나 자신의 이런 부분을 부정할 수 있었다. 이런 나의 신뢰 없음을 인정하고 나서야 주변 사람들에게 그런 불신을 투사하지 않게 되었다.

관계에서 문제를 일으키는 사람이 바로 나라는 점을 알아차리기가 무척 혼란스러웠다. 그때 나는 나 자신의 단점으로 파악된 부분이 무척 싫었다. 나는 신뢰 없음의 잠재 인격에게 말을 걸 수 있는지 알아보려고 눈을 감았다. 맨 처음 떠오른 이미지는 남자의 눈초리에 떨고 있는 작고 여린 소녀인 '겁쟁이 수'였다. 치유되기 위해 뭐가 필요한지 묻자, 소녀는 자비라고 대답했다. 그 단어를 듣고 소녀의 두려움을 만난 나는 가슴이 열렸다. 내가 나의 두려움을 느낄 수 있게 되면서 눈을 감은 채 겁쟁이 수를 두 팔로 끌어안았다. 나 자신에게는 자비가 핵심이었고, 무자비한 것에 나는 두려움과 자기혐오를 느낀다. 우리는 자신을 미워하는 것은 견딜 수 없기에, 그런 혐오를 세상에 투사하고, 자기 자신의 희생자가 되기보다 세상의 희생자가 되고 싶어 한다. 그리고 세상 탓으로 돌림으로써 우리는 자기 자신과 맞서는 고통을 회피할 수 있다.

이제 일상에서 당신이 강하게 반응하는 모든 사람(가족이나 동료, 상사, 가장 친한 친구 등)을 정직하게 살펴볼 때이다. 그들이 누구이고, 그들의 어떤 성질이 당신의 반응을 불러일으키는지 적어보자. 이것은 지속적인 발견의 한 과정이다. 일단, 특성의 한 층을 자신의 것으로 인정하면, 다른 층은 저절로 들춰질 것이다. 당신이 품고 있는 어떤 분노도, 여전히 강력하게 감정의 콘센트에 꽂혀 있다는 사실을 알려주는 적신호이다.

조안 가투소Joan Gattuso는 저서 「사랑의 과정」A Course in Love에서 작가 켄 케이즈Ken Keyes에게서 배운 손쉬운 실습을 설명한다. 종이의 윗줄에 당신에게 영향을 주는 사람의 이름을 적는다. 그리고 종이

한 가운데에 줄을 긋고 왼쪽에는 그 사람에 대해 당신이 좋아하는 면을 쓰고 오른쪽에는 싫어하는 면을 쓴다. 아무리 싫어하는 사람일지라도 장점을 발견할 수 있다. 예를 들어 다음과 같이 하면 된다.

유니

긍정적	부정적
계획적	미루기
적응력	둔감
자유분방	어수선
소신	고집
원칙적	통제적

자, 이제 긍정적인 면에 "나는 내가 ~~ 때 나를 사랑한다."라는 표현을 붙여 문장을 만들어 보자. "나는 내가 계획적으로 일처리 할 때 나를 사랑한다. 나는 내가 적응력이 뛰어날 때 나를 사랑한다. 나는 내가 자유분방하고, 소신이 있고, 원칙적일 때 나를 사랑한다." 이번엔 부정적인 면들을 문장으로 만들어 보자. "나는 내가 일을 미룰 때 나를 싫어한다. 나는 내가 둔감하고, 어수선하고, 고집부리고, 통제할 때 나를 싫어한다." 이런 간단한 방법이 타인에게서 보는 모습이 바로 당신의 모습임을 알아보는 것이다.

어느 날 나의 치유 과정을 밟았던 유니에게서 전화가 왔다. 유니가 오랫동안 좋아했던 대학 시절의 룸메이트 루나가 자신과 함께 세웠던 일부 계획을 포기해서 유니를 매우 혼란스럽게 했다. 친구의 그런 행동에 깜짝 놀란 유니는 루나가 이기적이고 변덕스럽고, 공주처럼 거만하고 잘난 체 하는 사람이라고 말했다. 나는 유니에게 우리가 누군가의 행동에 영향을 받을 때, 그것은 우리가 부인하는 성질을 타인에게 투사한 것이라는 사실을 부드럽게 상기시켰다. 하지만 유니는 자신과는 상관없는 일이라고 주장하면서, 루나의 본색이 드러났을 뿐이라고 확신했다. 그래서 나는 유니에게 루나의 장점과 단점을 적어 보라고 했다.

루나

긍정적	부정적
주도적	이기적
고상함	공주병
실천력	강요
민감성	히스테리
매력적	꼬리치기

유니는 루나의 특성으로 문장을 만들어보았다. "나는 내가 주도적이고, 고상하고, 실천력이 있고, 상황에 민감하고, 매력적일 때 나를 좋아한다." "나는 내가 이기적이고, 공주병이 도지고, 내 옳음을 강요하고, 히스테리를 부리고, 남을 유혹하려고 꼬리칠 때 나를 싫어한다." 유니는 루나의 긍정적인 측면이나 부정적인 측면이 자신에게는 없다고 보았다. 그녀가 발휘하지 못한 모든 긍정적인 측면을 루나에게 투사함으로써 루나에게 파워를 넘겨주었다. 이 때문에 루나의 불완전한 모습

이 드러나서 실망했을 때, 속았다는 느낌이 들었다. 유니가 이렇게 완벽하고 영적이고 아름답고 고상하다고 믿었던 여성의 결점을 파악했을 때, 유니의 결점도 분명히 드러났다. 유니는 자신이 부인했던 여러 부분을 루나에게 투사했기에 루나의 본래 모습이 드러났을 때 분노와 상실감을 느꼈다. 꽂혔던 플러그를 뽑으려면 유니는 루나에게 투사했던 자신의 부분을 거둬들여야 했다.

나는 유니보고 루나에게 감정을 표현한 편지를 써 보라고 권했다. 비록 편지를 보내지 않더라도 그녀가 느꼈던 모든 화와 분노를 표현할 수 있다는 것은 중요하다. 그녀가 실제로 편지를 거의 썼을 무렵, 루나에게든 누구에게든 더 이상 자신의 파워를 줘버리지 않겠다고 결심했다. 이제 그녀는 자신만의 고상함, 성공, 아름다움, 영성, 리더십의 성질을 인정할 자세가 되어, 하나하나씩 그녀의 내면에서 이런 측면을 확인하면서 되찾았다. 유니의 경우 부정적인 측면보다 긍정적인 측면을 받아들이기가 더욱 어려웠지만, 사실 그녀가 긍정적인 점을 받아들이자마자, 부정적인 점에 대해 어떤 부담도 없어졌다. 이처럼 우리가 한쪽 성질을 완전히 인정하면, 저울처럼 그 반대의 성질도 저절로 균형이 잡힌다. 결국 루나는 유니가 자신의 아름다움과 빛을 찾아내는 데 촉매 역할을 했다.

이처럼 우리의 전체성 회복을 돕고자 타인들이 우리의 삶에 들어온다. 사람들은 대부분 자기 자신을 제대로 평가할 여지가 거의 없다. 세상의 선과 악이 양쪽에 따로 있다면, 대부분의 사람은 아마도 선과 악을 조금씩 지니고 중간 지대에 있을 것이다. 그러므로 우리는 인간의 능력을 최대로 발휘하며 살고, 그런 것에 거부감을 느끼지 않는 법을 터득할 필요가 있다. 모든 감정과 충동은 지극히 인간적이기에, 우리의 밝음을 받아들이기 위해서 어둠도 완전히 받아들여야 한다. 신, 영혼, 사랑은 나에게 모두 같다. 그것들은 비록 우리가 알 수 없을지라도, 우리가 초대하기를 언제나 기다리고 있다. 여기에 이르는 길은 바로 우리 가슴에 있다. 그래서 우리가 기꺼이 존재하는 모든 것에 가슴을 열고, 엉터리보다 유익함을 찾기 시작할 때, 신을 만나며 사랑도 깨닫게 될 것이다. 우리는 자신이 무엇을 만날지 결정하고 있는 존재임을 명심하라. 그것이 핵심이다. 어떤 차원에서 우리는 이번 생에서 자신이 터득하는 모든 교훈이 필요하다. 아무리 끔찍하다 하더라도 모든 사건에는 당신을 위한 선물이 있다. 당신이 그 선물을 찾아낸다면, 나도 선물을 찾아내게 될 것이다. 영의 세계에서는 내가 곧 당신이고, 당신도 나이기 때문이다.

❈ 실습

1. 몇 분 시간을 내서 편안한 분위기를 만듭니다. 눈을 감고 5번 심호흡을 합니다. 내면의 엘리베이터를 타고 일곱 층을 내려간다고 상상합니다. 문이 열리면 당신의 신성한 정원으로 갑니다. 명상의 자리로 가면서 정원의 아름다움을 즐깁니다. 그다음 "내 삶을 이끄는 핵심 믿음은 무엇인가?"라고 자문합니다. 몇 분 시간을 내서 그 핵심 믿음들을 적으십시오.

다시 눈을 감고 첫 번째 주된 믿음을 떠올립니다. 자신에게 다음 질문을 해보십시오. 시간을 충분히 가지고 내면 깊은 데에서 들려오는 대답에 귀를 기울이십시오.

a. 정말로 나 자신만의 생각인가, 아니면 내가 채택한 것인가?
   b. 왜 나에게 이런 믿음이 있는가?
   c. 이 믿음은 나를 힘있게 하는가?
   d. 이 믿음을 바꾸기 위해 내가 포기해야 할 것은 무엇인가?

   모든 대답이 떠오르면 메모장에 기록합니다.

2. 믿음이 당신을 섬기는 것에 감사하면서, 자신에게 있는 각각의 믿음에게 편지를 써보십시오. 이제 오랫동안 지녀온 믿음을 대신할 새로운 믿음을 초대하십시오. 이 새로운 믿음을 존중한다고 다짐하십시오. 눈을 뜨고, 당신을 힘있게 하는 새 믿음을 적으십시오.

3. 당신이 아직도 완전히 받아들이거나 사랑할 수 없는 단어를 적으십시오. 눈을 감고 이 성질을 불편하게 만들었던, 자신에게 영향을 준 어릴 적 사건을 찾아냅니다. 이제 그 사건에 대한 당신의 해석을 적고, 그 아래에 새로운 해석 5가지, 즉 긍정적인 것 3가지 부정적인 것 2가지를 적으십시오. 어떤 생각도 나지 않으면, 친구나 가족에게 요청해도 됩니다. 새로운 해석을 생각해내는 것 자체가 매우 창조적인 실습입니다. 한 가지 해석에 매달리지 말고 여러 가지를 시도해보십시오. 물론 고통을 주는 해석은 피할 수도 있습니다. 혹 어떤 의문이 든다면 151쪽을 참고하십시오.

9장 자기 재창조

마리안 윌리엄슨은 「사랑의 기적」에서 이렇게 말한다. 『우리의 가장 깊은 두려움은 우리가 부족하다는 것이 아니라, 오히려 우리가 헤아릴 수 없을 정도로 권능이 있다는 사실이다. 우리를 가장 놀라게 하는 것은 우리의 어둠이 아니라 빛이다. "명석하고, 매력적이고, 재능 있고, 굉장한 나는 진정 누구인가?" 실제로는 그렇지 않은 당신은 누구인가? 당신은 신의 자녀다. 당신이 소심하게 처신한다고 세상에 꼭 도움되는 것은 아니다. 그러니 당신 주위의 사람들을 불안하지 않게 하려고 당신이 위축되지 않아도 된다. 당신은 자신의 내면에 있는 신의 영광을 구현하기 위해 태어났다. 우리 중 일부만 그런 게 아니라, 우리가 모두 그러하다. 그리고 당신이 자신의 빛을 발하도록 놔둘 때, 무의식적으로 남들에게도 자신과 같이 허용하고 있는 것이다. 당신이 자신의 두려움에서 해방될 때, 우리의 존재 자체가 자동으로 타인도 자유롭게 해준다.』

이 장에서는 당신의 모든 빛이 발하게 하고, 또 타인에게서 보이는 모든 덕목과 위대함을 자신 속에서도 바라볼 방법을 제시할 것이다. 이 말은 곧 당신의 '어두운 그림자'뿐 아니라 '밝은 그림자', 즉 당신이 부정하고 타인에게 투사해 온 모든 긍정적인 것을 인정하고 받아들인다는 의미다.

우리는 새 시대에 살고 있다. 이 시대는 개방 치유 성장의 시기로서,

순종이 아니라 포기를(우리의 이기적 자아와 옛 양식의 포기) 필요로 한다. 찰스 듀보이스는 "당신이 되고 싶은 것을 위해 지금까지의 정체성을 언제라도 포기할 수 있는 결단이 중요하다."라고 말했다. 우리가 완전하고 진정한 자기가 되지 못하게 하는 것이 바로 두려움이다. 우리의 두려움은 꿈을 이룰 수 없다고 괜히 모험하지 말라고 말한다. 그것은 우리의 풍성한 보물을 누리지도 말며, 자신의 능력을 한껏 발휘하지도 말고, 손쉬운 중간 지대에 마비된 채 살라며, 삶이 주는 풍요와 흥을 막는다. 걱정스럽게도 우리는 자신이 자발적으로 제한한 한계가 적절하다는 점을 입증하기 위한 상황을 창조한다. 두려움을 극복하려면 두려움에 용감하게 맞서고, 사랑으로 대체해야만 두려움을 받아들일 수 있다. 그리고 일단 두려움을 끌어안고 나면 더는 겁이 없어질 수 있다. 사랑이 두려움의 전원을 끊어버리기 때문이다.

한편 우리는 자신의 위대함도 두려워한다. 그것이 우리의 핵심 믿음에 도전하고, 지금까지 들어온 내용과 모순되기 때문이다. 자신의 선물을 상당히 많이 인식하는 사람이 있는 반면 오로지 몇 개만 알아보는 사람도 있다. 하지만 나는 온통 빛나는 자신의 광채에 편안해하는 사람을 만난 적이 거의 없다. 누구에게나 자신이 받아들이기 어려운 긍정적인 특성이 있다. 사람들은 대부분 교만하거나 자만하지 말라는 말을 들으며 자라기 때문에 우리는 정말 소중한 선물을 사장시켜 왔다. 우리의 바로 이런 특성들이 '밝은 그림자'가 되었다. 그리고 우리는 이 밝은 그림자를 어두운 그림자와 똑같이 다루고 있다.

밝은 측면을 되찾기는 어두운 그림자만큼 어렵다. 내가 마약 치료 센터에 있었을 때, 한 여성이 우리에게 강의하러 와서는, 자신이 대학을 학과 수석으로 졸업했다는 이야기로 강의를 시작했다. 자신이 결혼한 지 13년이 되었으며, 남편과도 최상의 관계를 유지하고 있고, 아이들에게도 정말 좋은 엄마 역할을 하고 있다고 말했다. 그녀의 이야기를 들으며 나는 "꽤나 잘난 체 하는군. 누가 자기처럼 생각하나. 근데 왜 우리가 자기 자랑을 들어야 하지?"라고 생각했다. 그때 그 여성이 말을 멈추더니 우리들 한 사람 한 사람 눈을 들여다보며 "저는 지금 여러분에게 자기사랑, 즉 자신의 장점을 모두 알아보고, 그것을 주위 사람과 나눌 수 있게 되는 것의 중요성을 이야기하려고 왔습니다."라고 말했다. 그녀는 자신을 사랑하기 위해서는, 기꺼이 자신만의 빛이 밝게 빛나게끔 해야 한다고 설명했다. 매일 자신이 행한 선행을 칭찬해야 하고, 자신의 일대기를 쓰면서 그 업적에 갈채를 보내야 하며 이렇게 자신의 빛이 빛나게 될 때, 타인에게도 그렇게 하도록 설명하고 권할 수 있게 된다는 것이다.

나는 그 자리에서 충격을 받았다. 이따금 나의 재능을 자랑했던 적은 있었지만, 자기 자신의 가치를 인정하고 존중하는 것이 괜찮다고 믿은 적은 없었다. 나의 자랑은 자신감이 아니라 불안에서 나왔다. 이런 것이 역설의 상황이다. 강의에 의하면, 나는 신이 내게 부여한 선물을 기꺼이 인정하지 않았기에 자신감을 느낄 수 없었다. 어떤 이유로 나는 항상 나 자신에게 있는 최상의 부분을 과소평가하는 겸손을 더 바람직한 인격으로 믿어왔다.

그날 나는 내 생애의 아주 값진 교훈 하나를 터득했다. 그것은 자신에 관한 훌륭한 점을 말하는 것은 괜찮을 뿐 아니라 필수적이라는 교훈이다. 우리는 자신의 선물과 재능을 알아보고, 잘한 모든 일을 제대로 평가하며 존중하는 법을 터득하며, 자신의 독창성을 찾아야 한다. 많은 사람이 그들의 성공·행복·건강·아름다움·신성함을 인정하지 못하며, 자신이 파워 넘치고·성공적이고·매력적이고·창조적이라는 사실을 인정하기 두려워한다. 바로 이 두려움이 자신의 이런 부분을 탐구하지 못하게 한다. 하지만 진정으로 자신을 사랑하기 위해 자기의 어둠뿐 아니라 빛 또한 받아들여야 한다. 자신의 재능을 인정하는 법을 터득해야 타인의 독특한 선물도 제대로 평가하고 사랑할 수 있게 된다.

잠시 시간을 내서 마음을 조용히 하라. 천천히 심호흡을 몇 번하고 아래의 단어 목록을 천천히 읽어 내려가라. 각각의 단어들을 보면서 "나는 ~~이다."라고 말해보자. 예를 들어 '나는 건강하다', '나는 아름답다', '나는 영리하다', '나는 다재다능하다', '나는 부자다'... 이런 식이다. 편안하지 않는 단어가 있다면 메모지에 적고, 또 타인에게 있으면 흠모하지만, 자신이 받아들이기 힘든 점을 표현하는 단어들도 포함하라.

만족하는, 편안한, 사랑 받는, 영감을 주는, 관능적인, 기쁜, 강한, 빛나는, 열정적인, 명랑한, 섹시한, 생명력 있는, 깔끔한, 힘 있는, 자신감 있는, 유연한, 수용하는, 건강한, 다재다능한, 포용력 있는, 유능한, 신성한, 지혜로운, 존경받는, 경건한, 용기 있는, 자유로운, 풍부한, 깨달은, 실현하는, 균형 잡힌, 명석한, 성공한, 가치 높은, 개방적인, 동정적인, 정당한, 일생을 바친, 유명한, 훈련된, 행복한, 평화로운, 책임감 있는, 창조적인, 예쁜, 용감한, 운 좋은, 씩씩한,

성숙한, 예술적인, 찬란한, 의식적인, 신실한, 위대한, 우주적인, 매력적인, 완전한, 귀여운, 낭만적인, 설득적인, 감사하는, 부드러운, 침착한, 가득한, 희망이 넘치는, 마음이 따뜻한, 기회를 잘 잡는, 기꺼운, 엄청난, 단호한, 육감적인, 상냥한, 태평한, 속편한, 거절 안하는, 관대한, 아름다운, 끈기 있는, 일관된, 명료한, 무비판적인, 차분한, 사려 깊은, 태연자약한, 영적인, 충실한, 지적인, 자발적인, 조직적인, 경위 바른, 바람직한, 화려한, 자신만만한, 착실한, 진취적인, 부유한, 따뜻한, 익살스러운, 믿음직한, 활동적인, 재미있는, 인정받는, 이해가 빠른, 발랄한, 양육적인, 낙관적인, 집중적인, 대담한, 탐나는, 슈퍼스타, 진실한, 알찬, 훌륭한, 지도자, 챔피언, 생산적인, 퍼주는, 도도한, 혁신적인, 두려움 없는, 선택의 대가, 손이 큰, 민감한

당신에게 이 모든 성질이 있다. 이것을 구현하기 위해 해야 할 일은 드러내고·인정하고·받아들이는 일뿐이다. 만일 그동안 살면서 언제 이런 특성이 발현됐는지 알아내거나 어떤 상황에서 그것이 발현될지 상상할 수 있다면 당신에게 이 특성이 있다는 뜻이니, 기꺼이 "나는 그렇다."라고 말해야 한다. 다음 단계는 그 특성에서 '선물'을 찾아내는 것이다. 어두운 그림자와 달리 이런 선물은 흔히 뚜렷하지만, 우리 자신의 두려움과 저항에 직면해야 한다. 많은 사람이 자신은 타인처럼 재능이나 창조성이 없다는 믿음을 강화하는 아주 그럴듯한 방어기제를 발전시켜 왔기 때문이다. 부정적 측면뿐 아니라 긍정적 측면도 받아들이는 것이 절대로 중요하다.

외적 현실과 동떨어진 어떤 특성을 받아들이기가 특히 어려울 수

있다. 실례로 당신이 실직 상태며 빚지고 있다면 '부유한'이란 단어는 받아들이기 어렵다. 이 같은 경우, 새로운 일이나 직장을 잡는 것처럼 자신이 부유해질 상황을 상상할 수 있는 여지가 중요하다. 주어진 단어를 받아들일 수 없다면 그런 체험을 구현해낼 가망이 없게 된다. 또 자신이 뚱뚱하다면, '마른'이라는 단어를 접할 때 거부감이 들 수 있다. 하지만 자기 내면의 '마른 인격'을 인정하지 않으면 그런 인격은 결코 나타날 수 없을 것이다. 또 당신이 미혼이어서 결혼하고 싶다면, 자신의 결혼한 모습을 맞이할 수 있어야 한다. 우리가 거부하는 부분은 사람마다 다르다. 그중에는 자신의 것이 아니라는 믿음을 확고하게 해주는 여러 증거도 있지만, 우리가 헌신한다면 이런 측면들마저도 내면에서 찾아낼 수 있다.

치유 과정에 참석한 40대 초반인 말린의 육신은 아름다웠지만, 어딘지 모르게 지치고 슬픈 기색이 엿보였다. 나는 강의에 참석한 사람들에게 긍정적인 특성들의 목록을 검토하면서, 자신이 받아들일 수 없는 단어들을 적어보라고 요청했다. 말린도 20개 정도 적었다. 우리는 부정적인 특성에서 했던 것과 같은 방법으로 실습을 시작했고, 말린의 차례가 되어 그녀는 의자에 앉고 두 사람이 그녀 앞에 앉았다. 말린이 "나는 성공했다."라고 말하면 다른 두 사람도 "당신은 성공했다."라고 말하는 것이다.

이 실습 동안 나는 말린이 몇 가지 특성을 인정하는 것을 확인했다. 그래서 그녀의 목록에서 '섹시한', '탐나는' 두 단어를 말해보라고 했다. 말린이 멈칫하더니 고개를 저으면서 그 두 단어는 도저히 가망이 없다고 말했다. 그녀가 남편과의 관계를 회복하려고 엄청 애쓰고 있다는 사실이 밝혀졌다. 몇 달 전, 남편의 외도를 알게 된 말린은 자신을 매우 탐탁지 않게 여겼다. 결국 '섹시한'에 접근하기 시작할 때 처음에는 표현하기 어려워했지만, 몇 번의 강권 후에야 아무런 감정 없이 "나는 섹시하다"라고 10분가량 단지 시늉만 내면서 말했다. 그녀는 자신에게 성적 매력이 있다면 남편이 자신을 속이지 않았을 것이라고 믿었기에 섹시함은 그녀의 부분이 아니라고 확신했었다.

처음에 말린은 두 여성 파트너와 실습했으나, 얼마 후 나는 아주 매력적인 젊은 남성으로 바꾸었다. 이제부터 톰이 파트너라고 말하자 말린은 몹시 예민해졌다. 톰이 그녀 앞에 앉아 "당신은 섹시해요."라고 말하자 말린은 그저 톰을 쳐다보기만 했다. 내가 옆에 붙어 앉아서어서 응답하라고 재촉하자, 말린은 눈물을 흘리며 마침내 "나는 섹시해요."라고 입을 열었다. 톰이 말린의 눈을 바로 쳐다보며 "네 맞아요, 당신은 섹시해요."라고 답했고, 또 말린이 반복했다. 이렇게 20번 정도 계속 주고받았고, 마침내 말린은 "나는 섹시해요."라고 당당하게 말할 수 있게 되었다.

그다음 나는 톰에게 말린이 '탐나는'이라는 말도 받아들이게끔 도와달라고 부탁했다. 그가 다시 몸을 숙이면서 확신에 찬 목소리로 "말린, 당신이 탐나요."라고 말하자마자 말린은 주체하지 못하고 울기 시작했다. 몇 년 동안 그녀 자신은 물론 아무도 그녀에게 탐난다고 말한 적이 없었다. 나는 말린이 "나는 탐나는 사람이다."라고 말할 태세가 될 때까지 계속했다. 처음엔 속삭이는 정도였지만, 나중엔 톰이 그녀의 손을 잡고 "당신이 탐나요."라고 말하자, 말린도 그 말을 반복하면서 함께했다. 줄곧 남편과의 관계에 대해 처량한 신세를 한탄하면서.

'탐나는'이라는 말을 다루는 데 거의 30분이나 걸렸지만, 말린이 한껏 외치자마자 누군가 자신을 탐낼 때 느꼈던 감정을 되살렸다. 그녀의 얼굴에서 자신의 그런 모습을 기억해낸 순간을 볼 수 있었다. 뭔가가 그녀를 밝게 하고, 존재의 신성한 부분과 다시 이어주었다. 마침내 그녀가 신성과 연결되었을 때 나는 그녀에게 자리에서 일어나 "나는 탐나는 존재다!"라며 소리치라고 했다. 말린은 진심으로 선언했고, 모든 사람이 그녀에게 박수를 보냈다. 그날 우리는 모두 마치 새로운 사람을 탄생시킨 것처럼 느꼈던 놀라운 과정이었다.

자신이 부정했던 모습을 받아들이는 데 있어서 고통을 겪는 것은 필수 과정이다. 물론 부인하던 모든 측면이 이런 강렬한 감정을 일으키는 것은 아니지만, 감정을 일으키는 측면이 발견되면 그것을 떨쳐버릴 때까지 붙들고 늘어져라. 혼잣말을 되풀이하면 다양한 반응이 생길 수 있다. 분노·체념·두려움·죄의식·부끄러움·기쁨·흥분 등 수많은 감정을 느낄 수 있다. 느끼는 것에 올바른 방식은 없지만, 그것을 붙들고 늘어지는 것이 중요하다. 당신이 부인했던 부분을 되찾는 과정에 전념함으로써 우주에게 '완전해질' 준비가 되었다고 말하는 것이기에 무엇을 느끼든, 절대 피하지 말라.

이전에는 부정하던 긍정적인 특성을 자신의 것으로 인정하기가 두렵다. 자신의 경력과 핑계 대기를 포기해야 하기 때문이다. 당신이 살면서 원했던 것을 얻지 못했던 모든 이유를 놓아버려야 한다. 치유 과정에 참석했던 패티라는 여성은 '성공'을 인정할 수 없었다. 그녀는 결혼 이후 삶 전체를 남편과 아이들의 뒷바라지에만 몰두했기 때문이다. 소녀 시절 첼리스트가 되려는 꿈을 포기하라는 말을 많이 들어왔었다. 괜찮은 여성이란 좋은 아내, 좋은 엄마가 되는 것이라고 배웠다. 한두 번 첼로를 다시 시작하고 싶다고 남편에게 말을 꺼냈지만, 그는 항상 돈 낭비하지 말라고 대꾸했었다. 이제 패티는 거의 60세가 되었고, 자녀들은 다 장성했다. 그런 그녀가 존경하는 사람들은 모두 예술 분야에서 성공한 여성들이었다. 비춰주기 실습에서 그녀 차례가 되었지만, 그녀는 "나는 성공했다."라고 말할 수 없었다. 그러면서 웃지도 울지도 못하는 어중간한 상태에 있었다.

지금껏 패티는 성공이란 직업을 갖는 것이라고 믿었다. 하지만 내가 패티에게 엄마로서, 아내로서 성공했는지 물었을 때 그녀는 그렇다고 대답했다. 아이들이 모두 잘 컸고, 남편과 30년 넘게 사이좋게 지내고 있다. 또 집안 살림은 어땠냐고 묻자 패티는 빙그레 웃으며 아주 잘해낸다고 대답했다. 서서히 자신이 성공했다는 점을 알아보기 시작했다. 그 말을 하기까지 거의 20분이 걸리긴 했지만 결국 그녀는 자신이 해낸 성공을 인정했고, 그 과정을 마치고 한층 당당해져서 돌아갔다. 10개월 후, 나는 패티에게서 집 근처의 작은 공연장에서 첼로를 다시 연주하기 시작했으며, 자신이 성공했다는 사실을 받아들인 이후로 이제는 소망을 더 구현해낼 정도로 자신감이 생겼다는 편지를 받았다.

우리는 자신의 위대함을 인정하면 안 된다고 배워서, 대부분 자신에게 긍정적인 특성이 몇 개 있긴 하지만 다른 특성은 없다고 믿는다. 하지만 우리에게는 우리를 울게 하면서도 웃게 하는, 하나로 합쳐진 아름다우면서도 추한 특성이 있다. 이제 당신의 그러한 모든 특성을 구현해내야 할 때이다. 당신의 전체 목록을 자신의 것으로 인정할 때에야 진정 신의 존재를 실감할 것이다.

　75세의 해리는 10년 가까이 AA(알코올 중독을 극복하려는 사람들의 모임) 회복 프로그램에 참여해왔으며, 헝클어진 관계를 치유할 수 있을지 알아보려고 코스에 참여했다. 해리는 나를 만나자 자신이 얼마나 정서적으로 정상이 아닌지 설명했다. AA의 12단계 프로그램을 해온 덕택에 자신이 정서적으로 건강하지 않은 상태임을 순순히 인정했다. 우리는 긍정적인 특성을 인정하는 단계부터 시작했다. 그런데 해리가 쓴 목록에는 '건강'과 '완전함' 두 단어가 빠져 있었다. 해리는 자신이 정서적으로 건강해질 수 없다고 믿고 있었다. 그래서 나는 앞으로 그가 정서적으로 힘듦을 호소하고 싶을 때마다 자신이 건강하고 완전하다는 말을 하도록 했다.

　해리는 자신에게도 이런 성질이 있다는 점을 소화하기가 어려웠던 것 같다. 하지만 어느 날 긍정적인 특성 비춰주기 실습에서 마음 깊이 체념하며 "나는 건강하다"라고 말하기 시작했고, 이어서 "나는 완전하다"라는 말을 받아들일 수 있었다. 우리는 모두 해리의 용기와 결단에 감동했다. 그는 결국 연결된 실습 도중에서 처음으로 자신에게도 건강하고 완전한 모습이 있다는 사실을 깨달았다고 말했다. 그다음의 용서 실습에서도 그는 계속 열려 있었다. 일단 자신의 긍정·부정적인 특성을 다 받아들이자, 부인 샬로트에게 부정적으로 투사했던 감정적인 플러그를 뽑았으며, 부인을 중독에 불건전하게 반응하는 여성이 아니라 자신을 돌봐주는 강하고 아름답고 사랑스러운 여성으로 보게 되었다. 해리와 샬로트는 함께 실습했으며, 놀라운 치유 결과를 얻었다. 그동안 억누르고 있던 많은 감정을 한껏 표현했고, 각자의 빛을 받아들임으로써 상대방의 빛까지도 받아들일 수 있게 되었다.

세미나가 끝난 얼마 후 해리는 뇌졸중으로 세상을 떠났다. 샬로트는 전화로 남편에 대한 치유 작업에 감사를 표했으며, 남편이 자신의 모든 모습을 끌어안음으로써 내면 깊숙이 치유가 됐고, 결혼 생활에서 오랜만에 관계가 열렬하고 활기찼다고 말했다. 그녀는 남편 해리가 자신의 죽음을 미리 알고 있었고, 자신의 전체 모습을 사랑하고 수용하면서 죽음을 평화롭게 맞이했음을 치유 과정에서 써오던 그의 일지를 보고서 알았다고 덧붙였다. 샬로트는 해리가 이 세상을 떠나기 전 서로의 아름다움을 체험할 기회가 있었던 것에 기쁨의 눈물을 흘렸다.

일단 우리가 자신의 긍정적 투사를 거둬들이면, 정말 있는 그대로도 완벽하다는 것을 알게 해주는 깊은 내면의 평화를 체험하게 된다. 평화는 우리가 다른 존재인 척하지 않을 때 온다. 하지만 많은 사람이 자신의 진정한 모습보다 더 왜소한 척하고 있다는 사실조차 깨닫지 못하고 있다. 여하튼 우리는 부족한 존재라고 확신한다. 내면세계 그 자체가 구현되게끔 하면 섹시하고, 탐나고, 재능 있고, 건강하고, 성공하기 위한 자유의 길을 보여줄 것이다.

자신의 잠재력을 제대로 알아보지 않으면 우주는 당신에게 신성한 선물을 줄 수 없다. 영혼은 잠재력을 한껏 발휘하고 싶어 하고, 이를 가능케 하는 것은 바로 당신뿐이다. 당신은 가슴을 열어 모든 부분을 끌어안거나, 아니면 현재의 모습대로 환상 속에서 살기로 선택할 수 있다. 그리고 용서는 자기를 사랑하는 길에서 아주 중요한 단계다. 우리는 어린아이같이 순진함으로 자신을 바라보고, 우리의 잘못과 실수들을 사랑과 연민으로 수용해야 한다. 우리가 저지른 실수에 대한 가혹한 비판을 접고 화해해야 한다. 우리는 용서받을 만하다는 것을 알아야 한다. 신성한 선물은 '인간 존재'가 실수하는 측면도 있음을 알려준다. 용서는 에고가 아닌 가슴에서 나오는 하나의 '선택'이다. 어느 순간에도 우리의 분노와 판단을 포기하고give up, 자신과 남을 용서할forgive 수 있다. 투사를 거두어들이고, 그 선물을 찾아낼 때에야 비로소 자신에 대해 자비로울 수 있다. 우리가 원망하던 사람에 대해서도 자연스럽게 자비심이 생긴다. 타인에게서 미워하던 부분을 자신에게서 볼 때 우리는 자신과 타인 사이에 일어나는 사건에 책임질 수 있게 된다.

릴케는 "삶의 모든 괴물은 우리가 오로지 아름답고 용감해지기를 기다리고 있는 공주일 뿐이다. 아마 모든 무서운 것은 사실 그것의 가장 깊은 곳에서 우리의 사랑을 필요로 하는 것들이다."✲라고 썼다. 자신을 완전히 수용하지 않는 사랑은 불완전하다. 사람들은 대부분 필요한 사랑을 밖에서 찾도록 훈련받았지만, 외부 세계에서 사랑을 필요로 하지 않는다면 자신을 위로하는 유일한 방법은, 내면으로 가서 타인에게서 얻으려고 애쓰는 것을 찾아내어 그것을 자신에게 주는 것이다. 우리는 모두 그럴 자격이 있으며, 내면의 우주가 훌륭한 부모처럼 우리를 사랑하고 함양하도록 허용해야 한다.

이혼 과정에 있던 친구 에이미는 남편과의 관계를 치유하려고 애쓰

✲ 릴케의 시 '젊은 시인에게 보내는 편지'에서 나오는 구절. 괴물(용)은 바로 우리가 혐오하는 그림자를 말한다. 그 괴물에 용기를 내서 죽음을 무릅쓰고 사랑으로 다가가서 껴안고 키스할 때, 괴물이 자신의 소망을 이뤄주는 공주가 된다는 고대 신화에 나오는 내용.

는 데도 화가 폭발하는 빈도는 줄어들 것 같지 않았으며, 매일 화낼 만한 사건이 생기곤 했다. 이런 과정에서도 자신을 사랑하려고 필사적으로 노력했지만, 그것은 종종 불가능한 것 같았다. 마침내 그녀는 자신의 부정적인 감정을 해소하려고, 남편 에드의 좋은 점과 미운 점을 모두 적어보았다. 물론 엄청나게 많은 분량이었지만, 에이미는 서서히 부정적인 투사뿐만 아니라 긍정적인 투사도 거둬들일 수 있었다.

하지만 그 가운데 '죽음'이라는 단어만은 몇 번이나 자신의 것으로 인정할 수 없다고 했다. 그녀는 화가 날 때 에드를 감정이 죽은 사람으로 여겼다. 자신에게서 죽음과 연관된 부분을 찾으려고 해보았지만, 어떻게 에드와 같은지 알아낼 수가 없었다. 오히려 자신이 감정적으로 얼마나 생기 넘치는지를 입증할 증거들이 떠올랐다. 그녀는 쉽게 웃고 울고 소리칠 수 있을 만큼 모든 감정을 경험해보았다. 그럼에도 그녀에게 영향을 주었던 단어는 '죽음'이었다. 그래서 자신에게서 죽음과 연관된 부분을 계속해서 탐색했다.

몇 개월이 지나 에이미는 결국 이혼했고, 기분도 상쾌했다. 하지만 화날 때마다 '죽음'이 떠올랐다. 그 후 에이미는 그녀보다 훨씬 젊은 찰스를 사귀기 시작했다. 어느 날 에이미는 아들 바비를 데리고 찰스를 만나러 나갔다. 찰스는 에이미의 차에 타더니, 아론 네빌의 세서미 스트리트 Sesame Street 테이프를 틀고 노래를 부르며 바비와 장난을 쳤다. 바비 역시 신이 나서 밝게 빛나고 있었다. 그때 갑자기 에이미는 눈물이 나기 시작해서 주체할 수 없었다. 그녀가 왜 그렇게 화가 났었는지 모를 정도로, 너무나 아름다운 순간이었다. 활기와 생명력으로 가득 찬 찰스를 보던 바로 그때, 에이미는 자신의 감정이 죽어 있다는 사실을 깨달았다. 이미 그녀는 춤추고 노래하고 뛰노는 모습을 잃은 지 오래였다.

에이미가 자신의 죽어 있는 부분을 받아들인 이후, 이제 에드에게서 감정적으로 자유로워졌다. 부인하던 측면을 사랑하고 함양함으로써 에이미는 에드도 자신도 용서할 수 있었다. 에이미가 숨겨진 부분을 찾게 된 것은 에드에 대한 분노 덕택에, 자신의 내면을 추적할 수 있는 소중한 기회를 주었기 때문이었다. 에드에 대한 분노가 없었다면 그녀는 깨어나야 할 자신의 이런 부분을 발견하지 못했을 것이다. 결국, '죽음'을 끌어안음으로써 '생명력'을 되찾을 수 있게 되었다.

당신도 깊이 저장된 '화'를 찾아 여기저기를 탐색해보라. 분노를 발견해내는 것이 두렵다면, 당신의 파워도 화와 함께 묻혀 있다는 사실을 명심하라. 화란 감정이 억눌리고, 건강하지 않은 방식으로 다뤄질 때 나타나는 부정적인 감정일 뿐이다. 당신에게 자신에 대한 자비심이 있다면 분노든 사랑이든 모든 측면이 공존하기가 쉽다. 나 역시 타인이나 자신을 비판할 때마다 어떤 성질이나 사건에 대해 부정적인 해석에 매달려 있다는 것을 안다. 이때 자신의 감정을 건강한 방법으로 표현하는 것이 필수적이다.

환하게 웃으며 그녀 주위로 아름다운 빛을 뿜어내는 '칼라'라는 여성이 치유 코스에 참여했다. 그녀는 세미나 내내 열심히 그림자 작업을 했지만, 분노 작업을 할 때면 냉담해졌다. 자신은 화내지 않는다는 것이었다. 우리는 플라스틱 방망이로 베개를 내려치며 실습하고 있었다. 일반적으로 이 실습은 막힌 에너지를 많이 풀어준다. 70kg나

되는 칼라는 이 작은 베개를 내려칠 수 있어야 했지만, 방망이를 머리 위로 들어 올릴 수 없다고 했다.

세션을 마치고 나는 칼라와 산책하면서 불쑥 화의 파워에 관해 언급하면서, 화에는 우리의 가슴을 열게 하는 비결이 있고, 그것을 풀어줄 때에 생생한 생명 에너지가 흐르게 할 수 있다고 이야기를 꺼냈다. 여전히 칼라는 자신이 화를 억제하고 있다는 점을 조금도 인정할 수 없다고 했다. 또 살을 빼고 싶으면서 못하고 있는 이유를 묻자 그녀는 그것이 일시적인 문제일 뿐이라고 말했다. 결국 나는 칼라가 화를 느끼지 못할지라도 30일 동안이라도 화 풀기 작업을 하라고 권하면서, 매일 5~10분 동안 꾸준히 베개를 내려치기만 해도 내면에 묻혀 있던 어떤 놀라운 것들이 터져 나올 거라고 말했다. 그리고 그녀는 내리치면서 무엇을 생각해야 하는지 물었고, 나는 화나게 하는 것을 정말로 찾아낼 수 없다면 그냥 지방덩어리라고 여기고 때려도 된다고 대답했다.

몇 달 후 칼라와 다시 이야기할 기회가 생겼다. 얼마 전에 그녀가 내게 전화했을 때는 여전히 살빼기, 돈 문제, 남자친구 문제로 고민하고 있었다. 먼저 내가 전에 제안했던 화 풀기 작업에 대해 묻자 그녀는 자신이나 타인에게 화가 나지 않기에 그 작업을 안 했다고 했다. 나는 만일 우리가 자신이 소망하는 모든 것을 다 갖지 못한다면, 자신이 그것을 지닐 가치가 없다고 여겨서 자신에게 주지 않고 보류하기 때문이고, 자신이 가치가 없다고 여기는 것은 종종 자신에게 뭔가 나쁜 게 있다고 여기기 때문이라고 말했다. 그리고 보통 자신에게 근본적으로 나쁜 점이 있다고 여길 때 화가 난다고 설명했지만, 여전히 칼라는 자신이나 타인에게 분노하지 않는다고 단언했다.

꼬박 1년 만에 칼라가 전화했다. 그녀의 첫마디는 "있잖아요? 나 방금 성깔 부렸어요!"였다. 세상에! 칼라가 자신의 숨겨진 성질을 발견하다니. 그녀는 지난 1년 동안 답답했다고 말했다. 도대체 되는 일이라고는 하나도 없었고, 결국 돈에 쪼들린 칼라는 방을 같이 쓸 룸메이트를 구했는데, 1주일 후 룸메이트에게 화가 나고 적개심이 생기기 시작했다. 아무리 그 감정을 숨기려 해도 룸메이트가 집에 들어올 때마다 기분이 엉망이 됐다. 결국 자신이 큰 실수를 했다고 결론짓고는 룸메이트에게 나가달라고 말했지만, 당장 갈 곳이 없었던 룸메이트는 방을 구할 때까지만 있겠다고 말했다. 하지만 이성을 잃었던 칼라는 룸메이트에게 당장 나가라고 소리를 질렀고, 마침내 칼라는 3일 이내 나가지 않으면 소지품을 내다 버리겠다고 협박도 했다. 칼라는 룸메이트를 내보내려고 자칭 '악한 짓'을 한 것이다.

칼라가 깊숙이 숨겨왔던 어두운 면이 마침내 그 모습을 나타냈고, 이제는 자신의 그런 측면을 부정할 수 없었다. 자신의 화를 알아보고, 인정하고, 받아들일 수 있었다. 처음에 그 상황이 너무 충격적이어서 어떻게 처신해야 할지 몰랐다고 칼라는 내게 말했다. 그래서 칼라는 코스에서 배웠던 도구를 사용해서 '성난 해리엇'의 선물을 찾아내러 내면으로 들어갔다. 칼라가 자신에게 줄 선물이 뭔지 묻자, 해리엇은 '생명 에너지'라고 말했다. 만일 칼라가 해리엇을 사랑하고 존중한다면 칼라의 꿈을 성취하는 데 필요한 모든 생명 에너지들을 주겠다는 것이었다. 칼라는 그동안 쓰지 않고 집에 있던 방망이로 베개 솜이 터져 나올 때까지 내리칠 수 있었다. 그 모든 화를 밖으로 내보내는 느낌이 너무나 개운했었다고 말했다. 몇 달 후 칼라의 삶은 아주 달라졌다. 칼라는 그녀의 또 다른 측면을 받아들이고, 자신의 화난 감정을 용서했다. 덕분에 사업도 번창했으며 살을 빼기 위해 운동과 다이어트를 시작했다.

이런 식으로 우리가 자신의 어떤 측면을 알아내는 데는 종종 시간이 걸린다. 자신을 받아들이는 지식과 도구가 있을지라도 우리가 자신의 괴로움을 알아볼 준비가 되어 있지 않을 때도 있을 것이다. 진실은 당신이 관계 속에서 기대하는 치유는 타인이 아니라, 당신에게서 먼저 시작해야 한다는 것이다. 치유는 바로 당신 내면에 거하는 모든 성질과 교감하는 데서 시작해야 하는 법이다.

절망은 신과 자아 사이의 거리에서 생긴다. 우리 모두가 하나임을 기억해내는 것은 우리 내면의 신을 다시 일깨우는 것이다. 우리의 신성과 열정은 밀접하게 관련되어 있다. 우리가 열정을 일깨우면 신성함도 일깨우게 된다. 보통 우리는 열정이 어떤 외부의 것들, 즉 다른 사람·일·장소를 위한 것으로 배워왔지만, 이제는 자신을 위해 열정을 뿜어낼 때다. 자기 존재의 모든 모습에 사랑을 제공한다는 것은 복잡한 작업이다. 그것이 쉽고 자연스러워야 하지만, 대부분의 사람에게는 언젠가 직면할 가장 어려운 작업일 것이다. 당신이 오랫동안 작업해도 자기의 모든 존재를 완전히 사랑하고 끌어안을 수 없어도 낙심하지 마라. 그것은 이 세상에 있으면서 우리가 성취할 중대한 임무기 때문이다.

여기에서 만일 당신이 자신을 함양하는 작업에 관심이 있다면 당신을 위한 '창조의식'을 제안한다. 내가 사람들에게 집에 가서 자신을 함양하라고 하면, 대부분 당황하며 "어떻게 하는 건데요?"라고 묻곤 한다. 물론 사람마다 다르지만, 가장 중요한 것은 자신을 함양하겠다는 의지다. 일단 당신에게 의지가 있으면, 이제 특정 작업을 시작할 수 있다.

우선 아기 때 사진을 한 장 준비해서 자주 보는 곳에 걸어 놓는다. 매일 사무실에 출근한다면 그곳에는 또 다른 사진을 두어라. 이 아기는 잘 돌보면 당신이 지금껏 소망했던 기쁨과 행복을 가져다줄 당신의 한 측면이다. 당신은 사진의 자아와 조금 달라 보일지 모르지만, 여전히 아름다운 존재다. 우리는 자신의 사랑과 순수함을 아기에게 투사하기 때문에 아기들을 볼 때 우리의 가슴이 사랑으로 열린다. 나의 아들이 태어났을 때, 내가 어디를 가더라도 낯선 사람들이 내게 다가와 아기가 너무나 아름답고, 사랑스럽고, 건강하고, 특별하다며 말을 걸어왔다. 그들은 전에 아기나 나를 본 적이 없었지만, 아기에게 그런 특별한 특성이 있다고 확신했다. 그들 자신의 어떤 측면을 아기에게 투사했고, 그것을 나와 나눈 것이다. 나의 아들은 악몽에 시달렸을 수도 있지만, 아무도 알아채지 못했을 것이다.

당신이 아기에게 무엇을 투사하는지 숙고하라. 아기의 아름다움, 순수함, 완벽함, 신선함을 생각하는가? 아기가 버릇없고, 제멋대로고, 이기적이고, 더럽다고 생각하는가? 아이를 어떻게 돌봐야 하는지 모르는 나쁜 부모를 만났다고 생각하는가? 당신 생각이 무엇이든, 그것은 모두 당신이 투사하고 있는 자신의 측면임을 명심하라. 즉 아기와 시간을 보내면서 객관적으로 평가할 수 없다면, 필시 그 아기에게서 자신의 모습을 보고 있다.

사람들은 아기 사진을 보면 종종 자기 내면의 순수함에 관해 숙고하게 된다. 자신이나 다른 성인을 대할 때보다 더욱 자비심이 생긴다. 만일 한 아기가 당신의 컴퓨터 부근에 물을 엎질렀다면, 아기를 혐오스럽게 쳐다볼까 아니면 아기의 순수함을 보고서 그냥 물을 닦을까? 아무래도 우리는 아기의 실수에 관대해진다. 이제 자기 자신을 단지 사랑과 돌봄, 긍정이 필요한 순수한 아기라고 생각해보자. 이 아이가 그런 사랑을 받게 하고, 이 아이에게 매일 사랑을 주는 장면을 상상하라. 눈을 감고서 어릴 적 자신의 이미지를 마음속에 떠올린 다음, 이 아이를 위해 내가 무엇을 할 수 있는지, 어떻게 하면 아이가 사랑받고 돌보아지고 있다고 느낄 수 있겠는지 당신에게 물어보라. 내면의 목소리를 경청하라. 당신 내면의 이 존재가 무엇을 원하고 요구하는지 들어보라. 아이는 당신에게서 "사랑해. 괜찮아. 고마워."라는 말을 듣고 싶을 수도 있고, 당신이 바쁜 일정을 하루 쉬고 영화를 보러 가거나 낮잠 자기를 원할 수도 있다. 사람들은 대부분 종종 관람과 휴식이 필요하지만, 우리는 바쁨 자체에 바빠서 자신을 돌보는 방법을 잊어버린다.

아침 시간이 신성과 연결하기에 적절한 때다. 밤의 정적이 새날의 길을 열어주는 것처럼, 그날 아침의 생각과 느낌들이 하루 전체를 좌우할 수도 있다. 분주히 돌아다니기 전에 단지 몇 분이면 멋진 하루를 준비하는 것이다.

목욕할 때 오일 마사지를 하면서, 신체 각 부분에 감사하는 방법도 있다. 머리부터 오일을 바르기 시작하면서, 얼굴, 감각, 뇌, 귀, 목소리의 덕에 감사한다. 그다음 아름다운 목에서 어깨로, 팔과 손으로 천천히 내려간다. 당신의 신체가 당신을 위해 존재하고, 영혼의 거처가 되며, 힘의 토대가 되는 점에 감사하라. 가슴과 배를 거쳐 엉덩이로 가서 다리까지 내려가면서 마사지하고 있는 부분마다 반드시 관심을 집중한다. 발에 이르면 당신을 지금껏 돌아다니게 해왔음을 잊지 말고, 짬을 내서 발을 축복하고 고맙게 여겨라. 눈을 감고 몸 전체를 쭉 훑으면서 불편한 곳이 있는지 살펴보고, 그 부위에 정성을 쏟아 교감한 것에 감사하고, 긴장이 모두 풀어지도록 하라.

만일 오일 마사지를 할 만한 여유가 없다면, 다른 방법으로 신체의 긴장을 풀어주어도 좋다. 사랑으로 곳곳마다 씻어내고, 그 부위가 각각의 역할을 다하고 다른 부분을 돕고 있음을 고맙게 여겨라. 이 과정은 5분 이상 걸릴 필요가 없다. 물론 여유가 있다면 더 많은 시간을 들여도 된다. 중요한 것은 시간이 아니라 자기 자신을 존중하는 것이다. 자신이 중요한 존재라는 메시지를 주고, 자신의 재능을 존중하고 경의를 표하라. 진심으로 자기 자신을 존중하고 경의를 표하고 타인에게도 똑같이 대함으로써, 당신의 삶으로 긍정적인 상황과 마음이 통하는 사람들을 끌어당길 것이다.

또 매일 밤 자신만을 위해 무언가 할 시간을 낼 수도 있다. 하루의 긴장을 푸는 데 목욕도 괜찮은 방법이다. 불을 끄고 촛불을 켠 다음, 따뜻한 물이 가득한 욕조에 몸을 담그는 것은 자신을 아끼는 훌륭한 방법이다. 명상하거나 그냥 고요히 있거나 영혼의 양식인 음악을 들을 수도 있다. 만약 목욕을 좋아하지 않는다면 매일 잠자리에 들기 전에 촛불을 켜놓고 아로마 향을 피워서 기분을 활기차게 하라. 이 모두가 하루를 끝맺는 멋진 방법들이다. 이때 음악을 틀어도 좋고 고요히 명상하는 것도 좋지만, 무엇보다 이런 분위기 조성이 지나쳐서 수단에 매몰되지 않도록 해야 한다.

내가 처음 나만의 치유 과정을 시작했을 때 나를 위해 할 수 있는 목록을 만들어 보았다. 헬스클럽에 다니는 것이 내 영혼을 함양하지 않음을 알아내는 데 시간이 좀 걸렸다. 물론 그것은 건강을 유지하고 보기 좋게 만들려는 목적이긴 하지만, 에고$_{ego}$를 위한 것이지 영성을 함양하는 것은 아니었다. 따라서 자아$_{self}$를 중시하는 것과 영혼$_{soul}$을 위한 것을 구별하는 것이 매우 중요하다.

그 무렵 나는 한 남성과 막 헤어졌고, 심하게 외로워하고 있었다. 슬픔에 빠져드는 것보다도 나 자신과 사랑에 빠져보겠다고 결심했다. 나는 정말 요리를 잘하지 못하면서도 매일 저녁 정찬을 마련했다. 나는 식품점에 갈 때마다 "오늘 저녁에 뭘 먹어야 나를 함양할까?"라고 자문했다. 식사하는 동안 향을 피우고 음악도 들었다. 식사 후에는 나를 위해 불을 피우고, 집안 곳곳에 촛불을 켜놓았다. 오직 나만을 위한 분위기였다. 그렇게 1~2주 정도 지나자, 나는 저녁이 되면 빨리 집에 가고 싶었다. 사귈 사람을 찾아낼 때까지 기다리기보다, 나 자신과 사귀었던 것이며, 효과가 있었다.

이런 의식이 내 삶의 모든 것을 바꿔놓았다. 매일 상쾌하고 편안하고 만족스러운 기분으로 깨어났으며, 영혼을 함양하는 방법을 터득해 나아갔다. 당신도 타인에게서 기대하는 것을 바로 자신에게 해보라. 자신을 위해 좋아하는 꽃도 사고, 음악도 듣고, 촛불도 켜라. 아로마를 좋아하면 당장 준비해서 매일 사용하기 시작하라. 자기 자신을 중시하라. 당신이 자주 자신의 외모에 신경 쓰지 않을지라도, 혼자 저녁 식사를 할 때 멋지게 차려입는 것은 체험을 함양할 수 있다. 특별히 외출하지 않더라도 마음에 드는 옷을 입어 보라. 왕처럼 자신을 대접하라. 당신은 왕이다!

세상은 당신을 비춰주는 거울이다. 당신이 자신을 내적으로 사랑하고 함양하고 고맙게 여긴다면, 그것은 외적 삶으로 나타날 것이다. 사랑을 더 원한다면 자신에게 더욱 사랑을 쏟고, 인정받고 싶다면 자기 자신을 인정하라. 만일 당신이 존재의 깊은 곳에서 자신을 사랑하고 존중한다면, 우주에서도 같은 수준의 사랑과 존중을 불러내게 되리라고 나는 확언한다. 하지만 만일 당신이 그렇게 하고 있는데도 당신이 생각하는 수준에 외부 세상이 못 미쳐 보인다면, 한 번 더 자신의 내면세계를 들여다보라고 요청한다. 거짓을 밝혀내라. 당신이 자신에게 갖도록 허용하고 있지 않은 것이 무엇인지, 당신이 가장 소망하는 것이 무엇인지 밝혀내라.

❄ 실습

1. 이번 실습에서는 유해한 감정적 에너지를 알아내서 풀어주는 것입니다. 따라서 용서에 초점을 맞추겠으며, 우리가 자신과 남을 용서하는 것을 방해하고 가로막는 화, 원한, 후회, 죄의식 같은 감정들을 풀어내는 것이 목표입니다.

일지 쓰기는 우리의 마음으로 들어오는 것이 무엇이든 글로 쉽게 나오게 하여 감정 처리를 돕습니다. 그것은 몸과 마음의 감정적 독소가 자유롭게 그 자체를 표현하게 하기 때문입니다. 일단 이런 독소를 인정하고 판단 없이 존재하게 할 수 있다면, 그 독소는 풀어질 것입니다.

먼저 주변을 모두 치우고, 곁에는 메모장과 펜만 두십시오. 다만 긴장을 풀기 위해 가벼운 음악을 틀고, 촛불을 켜거나 향을 피울 수 있습니다. 이제 눈을 감고 심호흡을 다섯 번 해서 마음을 가라앉히고, 이 과정에 몰입하십시오.

눈을 감고 엘리베이터를 탔다고 상상합니다. 버튼을 눌러 5층에 내리자 눈앞에 아름다운 정원이 펼쳐집니다. 푸른 나무와 꽃들을 응시하자 편히 앉아 긴장을 풀 수 있는 완벽한 장소와 멋진 의자가 하나 보입니다. 이제 그 의자에 편히 앉아 다시 천천히 심호흡을 하면서 아래의 질문들을 자신에게 묻고, 답이 떠오르게 합니다. 그다음 눈을 떠서 답을 메모장에 적고, 마음을 비워 가슴에서 우러나오는 대답을 들을 수 있도록 반드시 눈을 감고 몇 번 천천히 심호흡을 하면서, 각 질문마다 이 과정을 반복합니다.

a. 현재의 내 삶의 환경을 설명해주는, '내가 진정 누구인지'에 관해 어떤 이야기를 지어냈습니까?

메모

b. 내 가슴에 있는 원한과 상처, 후회는 무엇입니까?
   메모

c. 내 삶에서 내가 용서하지 못할 사람은 누구입니까?
   메모

d. 나와 남을 용서하려면 나에게 무슨 일이 일어나야 합니까?
   메모

e. 이제 당신이 용서해야 할 사람들의 이름을 적어보고, 그들에게 짤막한 편지를 쓰십시오. 대상이 많더라도 가능한 여러 명에게 편지를 쓰고, 지금 다 쓰지 못했으면 나중에 완성해도 좋습니다.
   메모

f. 지금까지의 당신 삶을 파악하기 위해 자신에게 무엇을 말해야 합니까?

메모

2. 자기 자신에게 용서의 편지를 씁니다. 당신이 가장 존경하는 3명을 선택하여, 그들에게서 당신을 북돋게 하는 성질을 각각 3가지씩 쓰고, 그다음 한꺼번에 총 9가지 특성을 쓴 목록을 만듭니다. 그리고 170~171쪽의 긍정적인 특성의 단어들을 살펴보고, 당신이 받아들일 수 없는 단어들을 골라 9가지 특성을 적은 목록에 포함시킵니다.

이제 그 목록을 들고 거울 앞에 앉거나 서서, 자신의 눈을 쳐다보며 각각의 단어들을 하나씩 집어넣어 "나는 ~~~이다."라는 문장을 만들고, 더는 어떤 저항도 느끼지 않을 때까지 반복합니다. 매일 시간을 정하여 목록에 있는 단어 한두 가지를 내 것으로 인정할 수 있도록 실습합니다. 하지만 만일 자신의 것으로 인정하기 힘든 특정 단어가 있다면, 다른 단어로 넘어가고 나중에 다시 시도하도록 합니다.

10장 결단과 실행

 꿈을 구현하는 것은 그것이 진정 무엇인지 알아내야 하는, 어려운 작업으로 시작된다. 어릴 적 우리는 부모와 선생님의 발자취를 따르고, 학교에서 우등생이 되기 위해 그들의 지도와 분별을 받아들인다. 그들은 우리가 여가를 보내기 위한 취미, 운동, 모임의 선택에 영향을 주고, 어른이 되면서 연장자들이 확립한 관념에 기초해서 직업을 정하고 친구를 사귄다. 그렇다면 도대체 언제 외부의 목소리 듣기를 멈추고, 자기의 내면 목소리에 귀 기울이게 될까? 어쩌면 우리가 가고 있는 길이 진정 자신만의 것이 아니라는 사실을 언제 깨달을까? 이런 점이 우리가 삶에서 무언가 놓치고 있다고 느끼는 이유가 될 수는 있을까?

 이것은 우리가 배웠던 내용을 비판하도록 요구하기 때문에 가장 망설이는 질문들이다. 당신은 신에 대한 믿음을 의심해본 적이 있는가? 일부 사람에게는 신학적인 질문 자체가 커다란 죄다. 하지만 우리의 가장 근본적인 믿음에 도전하지 않고서는 영적인 존재가 될 수 없으며, 우리의 인생은 단지 부모가 확립한 길을 따를 뿐, 결코 어릴 때 설정된 경계를 초월하지 못할 것이다. 이번 장은 미지의 영역에 발을 내딛는 작업이다. 당신이 위대함과 진지함을 삶에 구현할 수 있도록 인도할 것이다. 이제 당신은 "나는 그걸 할 수 없어."가 아니라 "내가 왜 그것을 하면 안 되는가? 나는 무엇을 겁내는가?"라고 말해야 한다. 이런 질문은 당신을 속박해온 인연 관계에 도전한다. 이번 장은 삶의 목적 찾기에 집중한다.

당신이 옳은 길을 가고 있는지 아닌지, 질문은 쉬워 보일지 모르지만, 가슴의 대답을 듣기는 어렵다. 머리의 대답은 하나만 있지만, 가슴에는 다른 대답이 있을 수 있다. 두려움은 가던 방향을 유지하라고 주장하겠지만, 사랑은 방향을 한번 바꿔보라고 권할지도 모른다. 고귀한 소명을 들으려면 마음을 가라앉혀야 하고, 사랑이 있는 곳을 찾아내려면 가슴을 열어야 한다. 또 자신의 열정과 소망을 따르고자 한다면 영혼에게서 대답을 들을 정도로 고요해져야 한다. 물속에서 머리를 내놓고 안전지대까지만 간다면 세상은 언제나 똑같게 보인다. 하지만 용기를 내서 대담하게 더 깊은 물속으로 들어가면 놀라운 세상이 당신을 기다리고 있다.

하지만 우리는 익사할까봐 무서워한다. 자신이 틀린 게 아닌지, 실패하는 게 아닐지 무서운 것이다. 기꺼이 두려움에 직면할 정도로 당신의 소망이 중대한가? 정말 간절히 원하는가? 선택은 당신의 몫이다. 체념에서 몰입으로, 두려움의 상태에서 사랑의 상태로 태도를 바꾸기로 선택할 수 있다. 첫 단계는 자기 자신에게 질문하는 것, 즉 글자 그대로 내면의 진술을 질문으로 바꾸는 것이다. "나는 실패자야."를 "나도 성공할 수 있지 않을까?"로, "삶이 지겨워."를 "활력이 생길 수도 있지 않을까?"로, "내 삶은 별거 없어"를 "나도 세상에 영향을 줄 수 있지 않을까?"로 바꿔라.

옳게 되고, 편안해지려는 우리의 필요가 삶에 대한 헌신을 가로막는다. 우리는 자신의 동기가 의심스러우면 위협을 느낀다. 당신은 차라리 힘없는 편이 옳고, 당신의 능력이 위대해지는 게 틀렸으면 좋겠는가? 작은 돈 셈은 아주 잘하면서도, 큰 돈 관리는 제대로 못하고 싶은가? 싫어하는 직업에 머무르고 싶은가, 아니면 좋아하는 일을 창조하는 위험을 무릅쓰고 싶은가? 당신은 행복한가? 가슴의 소망을 따르고 있는가? 만일 살날이 1년뿐임을 알았다면, 지금 하고 있는 것을 하겠는가? 과연 같은 선택을 하겠는가?

눈을 감고 안전하고 편안하게 느껴지는 내면 깊은 곳에 집중하라. 삶에서 바로 지금 당신은 무엇을 하고 싶은지 자문하고, 또 그 꿈을 추구하지 않는 이유도 물어보자. 도대체 무엇이 겁나는가? 살날이 1년뿐이라면 무엇을 하고 싶은가? 무엇을 바꾸겠는가? 가슴의 고요함에서 대답을 붙들고 자신의 꿈을 구현할 수 있도록 우선 자기 삶을 바꾸겠다고 맹세하라. 언제나 자신만의 진실에 귀 기울이겠다고 서약하라. 우주가 당신을 가슴의 소망 쪽으로 인도하도록 하겠다고 다짐하라. 단지 이처럼 서약하는 것만으로도 당신 삶을 바꾼다. 그렇게 함으로써 당신은 자신과 우주에게 "나는 내가 소망하는 것을 지닐 자격이 있으며, 그 소망을 충족하는 데 필요한 일을 꼭 행하겠다."라고 말하고 있다. 머레이W. H. Murray는 이렇게 말했다.

사람이 결단하기까지는 망설임과 뒷걸음질 칠 가능성이 있고, 늘 효과가 없다. 모든 창조적인 활동에는 근본적인 진실이 하나 있는데, 그 무한한 아이디어와 멋진 계획의 싹을 자르는 무지가 있다. 즉, 사람이 결단을 내리는 순간, 하늘도 역시 작동한다. 그런 그를 돕기 위해, 결단하지 않았으면 절대 일어나지 않았을 온갖 상황이 벌어진다. 사건의 전체적 흐름은 결단에서 생겨서, 누구도 상상도 못했던 온갖 종류의 뜻밖의 사건, 만남, 물질적인 도움이 그에게 닥쳐와 뜻하는 바를 이루어 준다. 당신이 꿈꾸거나 할 수 있는 것이 무엇이든 그것을 시작하라. 과감함에는 소질, 힘, 마법이 있다.

하지만 결단 없이는 우주는 우리의 소망을 실현해줄 사건을 일으킬 수 없다.

불행히도, 진정 소망하는 것에 전념하는 사람이 별로 없다. 자기 전에 더 나은 생활, 더 건강한 몸, 더 좋은 일자리를 위해 기도하지만 아무것도 변하지 않는다. 이유는 바로 자신에게 거짓말을 하고 있기 때문이다. 종종 우리의 기도와 실제 행동이 완전히 별개다. 활기찬 생활을 기도하지만 실제는 현실에 안주하고 있고, 관계 회복을 기도하지만 실제는 그냥 집에 죽치고 있다. 현상유지가 가장 편안하기 때문이다. 하지만 아무도 우리를 구원해주거나 우리 대신에 그 일을 해주지 않는다는 것을, 우리의 묵은 상처는 우리가 그것을 사랑하든 미워하든 존재한다는 것을 실감할 때에야, 잠재력을 발휘해야 할 사람은 바로 자신임을 깨닫게 된다. 물론 "실패하면 어쩌지? 상처받으면 어쩌지? 남이 나를 어떻게 여길까?" 등 온갖 걱정거리를 자신이 책임지기보다 누군가를 비난하기가 훨씬 쉽다.

나는 29번째 생일 2주 전에 처음으로 마약을 끊었다. 거의 15년간 마약 중독에 빠져 있던 나의 삶은 고통과 좌절로 가득했다. 겉으로는 무사태평하게 지내는 듯 보였겠지만, 속으로는 천천히 죽어가고 있었다.

그래서 재활 센터를 네 번째 나오던 날, 마침내 나는 내 삶을 치유하겠다고 결단했다. 이전에는 기분이 나쁘거나 고독과 분노를 느낄 때마다 정처 없이 떠돌며 방황하곤 했지만, 특별했던 그날 나는 차를 몰고 내 얼굴에 스치는 시원한 바람을 의식하면서 달리고 있었다. 그러면서 지금 이 순간 내가 정말 살아 있고 솔직하다는 사실에 감사를 가득히 느꼈다.

그리고 담배, 음식, 마약, 쇼핑, 남자에 중독됐던 자신을 진짜 치유할 수 있다는 자신감을 느꼈다. 시골길을 달리고 있을 때 나의 내면에서 "넌 할 수 있어. 너에게 모든 게 다 있고, 완전히 치유할 수 있어!"라는 소리가 들려왔다. 감동으로 온몸이 전율했고, 설렘과 두려움이 동시에 느껴졌다. 내가 받아온 모든 사랑과 도움을 이제 되돌려 주어야 할 어떤 강력한 필요성을 느꼈다. 마침 마이애미 해변에 있던 그 순간 나는 내 삶이 달라졌다는 것을 느낄 수 있었다. 또한 내가 나의 에고와 과시를 마주하기 위해 나의 모든 화, 분노, 고집, 독선을 극복해나가는 작업을 언제나 기꺼이 하겠다고 결단한다면, 나, 데보라 수 포드는 분명 이 세상에 뭔가 이바지할 수 있을 거라는 자신감이 생겼다.

지금의 내가 존재하도록 이끌어준 것은 바로 이 비전이었다. 감정 작업을 포기하고 싶을 때마다 "아니, 아직 안 끝났어. 치유가 끝나지 않았어."라는 소리가, 또 다른 인간 존재를 비판하고 비난하고 싶을 때마다 "이 드라마에서 네 역할이 뭐야? 왜 그런 역할을 하는 거지?"라는 내면의 작은 목소리가 들렸기 때문이다. 몸의 모든 세포도 완전히 치유하겠다는 결심을 받아들였다. 그래서 치료나 세미나에 빠지고 싶거나 치유의 다음 단계를 외면하고 싶었어도, 언제나 편한 것보다 치유의 결심이 확고했기에 어떤 식으로든 꼭 실천했다.

나는 비록 비만은 아니지만, 앉은 자리에서 초콜릿 케이크 전부를 먹어치우는 나를 알고 있었기에, '과식증 치료 모임'에 간 적도 있다. 느끼는 방식에 변화를 주려고 마약에 손을 댔었고, 음식에도 내가 얼마나 쉽사리 동일한 방식으로 중독될 수 있는지를 깨닫기 시작했다. 하지만 하나의 중독 대신 다른 중독으로 대체하지 않기로 결단했다. 내가 다만 나를 망각 속으로 밀어 넣을 수도 있었겠지만, 문제를 처리하기로 결정했다. 진정 내 삶을 바꾸려면 얼마 동안 불편함을 겪어내야 했다. 치유에 대한 이 결단은 탈바꿈을 위한 촉매가 됐다. 이런 결단이 없었다면 나는 아직도 중독으로 고통을 겪고 있었을 것이다.

나는 내가 소위 말하는 완벽함과는 거리가 멀다는 점을 당신이 알았으면 좋겠다. 이제 내 사명은 완벽해지는 것이 아니라, 전체가 되고 완전해지는 것이며, 완벽해지고 동시에 완벽해지지 않는 것이다. 내 사명은 내면의 지혜에 귀를 기울이고, 될 수 있으면 충족한 삶을 살아가며, 인간으로 나 자신을 사랑하는 것이다. 그럴 때 내가 그만큼 당신도 사랑할 수 있으리라는 점을 안다. 내가 당신과 나눈 과정은 나의 고통을 끝장내고 나 자신을 완전히 치유할 지식과 용기를 주었던 과정이다. 이런 핵심 결단이 없었다면 아마 나는 지금 이 책을 쓰지 못했을 것이다. 이런 결단이 백여 가지의 다양한 치유법을 탐구하게 하였다. 이런 결단이 직관적으로 내가 필요한 교훈을 가르쳐주는 사람, 장소, 체험으로 나를 인도해주었다.

당신도 자신이 무엇을 원하는지 모른다고 겁내지 마라. 단지 모든 잠재력을 다 발휘하겠다고 결단하라. 이 순간에 충실하면, 우주는 당신에게 적절한 선물을 보여줄 것이다. 일단 결단하면 당신에게 필요한 장소와 책, 그리고 당신을 돕고 가르칠 사람을 만날 것이다. 불가에 "제자가 준비되면 스승이 나타난다."라는 말이 있다. 실제로 지난 14년간 나는 수많은 '교사'를 만났다. 그들은 친구, 연인, 사업 파트너로, 심지어 도둑이나 사기꾼의 모습으로 나타나기도 했다. 긍정적이든 부정적이든 내가 관계를 맺었던 사람들은 내 삶에 들어와서 나를 가르치고 인도해서, 내 결심을 지키게 도와주었다. 내 친구인 아니미카는 "너한테 오는 모든 사람은 너를 치유하러 오고 있어."라고 말한다. 심지어 치유하려고 내 세미나에 참석한 사람들도 나를 치유해주었다. 내가 이 사실을 이해함으로써, 타인들과 상호 작용하는 방식도 바뀌었다.

체중이 평균보다 50kg이나 더 나가는 한 친구는 자신이 먹는 것에 신경 쓰기에 그것이 비만의 원인이 아니라고 늘 말한다. 어떻게 보면 그의 말이 맞다. 음식이 문제는 아니다. 진짜 문제는 그가 식습관에 대해 자신에게도 거짓말을 한다는 것이다. 사실 그는 음식 중독자인데, 정작 본인은 그것을 인정하지 않는다. 중독은 아주 강력하다. '부정' 역시 강렬하고, 목표를 성취할 기회를 잃게 한다. 결심할 때는 현재 상황의 뿌리를 캐내려는 의지가 필요하다. 만약 당신이 정말로 체중을 줄이려면, 자신이 음식 중독자임을 깨닫는 것은 축복이다. 사실 인정은 목표를 달성하는 데 꼭 필요한 단계이기 때문이다. 하지만 첫째 문제를 자신의 식습관이 아니라 신진대사의 이상으로 여긴다면 체중 감소라는 목표를 달성하기 어려워질 것이다. 문제의 진짜 원인을 찾아낼 만큼 깊이 파고들고, 결단하라. 그러면 꿈이 실현 된다.

꿈을 구현하는 데 용사가 돼라. 내가 만난 아주 많은 사람이 자신의 열정을 금고 속에 소중히 간직된 보물인 것처럼 말한다. 그런 그들은 밤에 조용히 꿈이 이뤄지기를 기도하지만, 정작 두려움과 체념 때문에 수동적이 된다. 그 보물을 얻는 자는 실행 계획을 세우고, 사명 선언서를 쓰고, 결단하는 바로 그 사람이다. 그것이 삶을 깨닫고 진실을 생활화하는 길이다.

내 친구 존은 뛰어난 음악적 재능이 있는 36세의 가수 겸 작곡가다. 내가 존의 음악적 선물에 대해 처음 말했을 때 그는 들은 척도 안 하며 그저 "제발 그만 좀 해. 난 그것을 생각하고 싶지 않아."라고 말하곤 했다. 그런 존은 자신이 그래미상을 타고, 수많은 사람 앞에서 공연하는 꿈을 꾸고 있음을 시인하는 데 꽤 오랜 시간이 걸렸다. 하지만 얼마 후 그는 음악과 자신의 꿈에 대해 얘기할 때마다 얼굴 전체가 빛나기 시작했고, 음악을 연주할 때면 내면 깊은 데서 열정이 퍼져 나갔다. 존에게 있어서 음악은 자기 가슴의 소망임이 너무나 분명했기에, 이것을 인정하기 시작하면서 이 소망을 꼭 구현해내고 싶어 했다.

어느 날 저녁 나는 존과 만나 그의 음악 활동에 걸림돌이 됐던 '뿌리 결심'이 무엇인지 함께 살펴보았다. 종이를 준비해서 한 면에는 유명 음악가가 되려는 결심을 쓰고, 다른 면에는 꿈을 성취하지 못하게 하는 믿음을 모두 적었다. 존이 쓴 내용은…

뿌리 결심

- 나, 존 파머는 재능이 부족하기 때문에 음악가가 될 수 없다. 그것은 실현 가능한 목표가 아니다.
- 음악은 점잖은 사람이 할 일은 아니다.
- 나는 피아노를 충분히 배우지 못했다.
- 지난 5년 동안 이와 비슷한 일을 해보려고 노력했지만 잘 안 되었다. 그런데 왜 내가 이 일에 또 매달려야 하는가?
- 나는 아직 젊어서 성공을 받아들일 준비가 덜 되어 있다.
- 나에게는 비현실적인 꿈을 위한 여유가 없다. 현실적인 일자리를 찾아야 한다.

이런 모든 '뿌리 결심'과 믿음으로 존은 이제까지 음악을 실제 직업으로 생각한 적이 없었다. 도대체 존이 왜 자신의 재능을 내가 체험하는 방식으로는 알아보지 못하는지 상상할 수 없었지만, 그에게 두려움을 모두 토로할 기회를 주었을 때에야 존이 음악을 업으로 삼지 않는 이유를 알게 되었다. 존은 자신의 비전에 어떤 타당성이 있는지 엄밀히 살펴보기보다 무의식적으로 장애에 더 연연했다.

우리 역시 꿈의 실현을 가로막는 모든 믿음을 드러내야 한다. 이 믿음은 우리의 진정한 목표에 도달할 수 없다고 자신에게 동의하는 것이기 때문에 위의 '뿌리 결심'을 언급한 것이다. 꿈을 좇겠다고 결심하든 안하든, 가슴의 소망을 방해하는 것뿐 아니라 당신에게 동기를 부여하는 것에도 의문을 갖는 것이 중요하다. 당신의 목표가 다이어트이든, 돈을 많이 버는 것이든, 더 좋은 대인 관계를 맺는 것이든, 당신의 '뿌리 결심과 믿음'을 회고하고 알아볼 필요가 있다. 그런 믿음은 억눌러야 하는 게 아니라, 오히려 허용해야 한다. 자신을 힘있게 하는 것은 선택하고 나머지는 내버려두면 된다.

이제 종이를 한 장 준비해서, 당신이 아직 성취할 수 없었던 어떤 목표와 그 목표에 관련된 모든 믿음과 '뿌리 결심'을 적자. 지나치게 생각하지 말고 가능한 빨리 적는다. 그다음, 하나씩 "이 믿음이 '사실'인가? 아니면 내 '판단'인가?"란 질문을 던져라. 꼭 필요한 질문이다. 존이 쓴 것은.

뿌리 결심

- 나, 존 파머는 재능이 부족하기 때문에 음악가가 될 수 없다. 그것은 실현 가능한 목표가 아니다. 〈판단〉
- 음악은 점잖은 사람이 할 일은 아니다. 〈판단〉
- 나는 피아노를 충분히 배우지 못했다. 〈판단〉
- 지난 5년 동안 이와 비슷한 일을 해보려고 노력했지만 잘 안 되었다. 그런데 왜 내가 이 일에 또 매달려야 하는가? 〈판단〉
- 나는 아직 젊어서 성공을 받아들일 준비가 덜 되어 있다. 〈판단〉
- 나에게는 비현실적인 꿈을 위한 여유가 없다. 현실적인 일자리를 찾아야 한다. 〈판단〉

존 자신만의 것이든 친구나 가족의 것이든 모든 것이 판단이었고, 이 판단이 존의 삶을 좌우하고 있었다. 안타깝게도, 우리는 모두 같은 상황에 처해 있다. 우리는 자신의 내적 믿음이 삶을 지배하게 한다. 우리의 친구와 가족이 우리가 채택한 믿음을 흉내 내고 있다는 점은 매우 흥미롭다. 우리와 그들은 이 판단이 진짜라고 서로 주입시킨다. 최근에 내가 한 파티에서 존의 친구들을 만났을 때, 존의 음악을 주제로 얘기를 꺼내자 그중 3명은 존이 음악 사업을 할 수 없는 이유에 대해 존과 거의 같은 말을 반복했다. 그렇다면 존의 제한된 판단은 친구들 때문이었을까? 아니면 친구들이 존의 영향을 받은 것이었을까? 어쨌든 존은 자신의 진짜 소망에 전념하지 못했다.

삶을 바꾸겠다는 결단은 중대하다. 몇 년간 사람들과 작업하면서 많은 사람이 변화에 대한 이야기는 좋아하지만, 정작 오랫동안 그들을 구속해온 부정적인 유형을 버리기 위한 실천은 힘들어한다는 점을 발견했다. 평화·행복·완전함을 지금도 추구하고 있는지, 자신의 체험을 장악해서 만들어가는 존재가 될 준비가 되어 있는지 자문해보라. 누구도 당신을 고착시킬 수 없지만, 당신은 자신을 고착시킬 수 있다. 당신은 자기 삶을 바꾸기 위한 힘, 해답, 능력을 지닌 존재며, 유일한 존재다.

우리는 몸, 건강, 관계를 위해 엄청난 돈을 들이고 있다. 그럼에도 사람들은 대부분, 여전히 삶의 어떤 영역에는 불만이 있다. 우리는 도달할 수 없는 것을 끊임없이 원하는 상태에 처해 있다. 절대로 성취될 리 없는 부족과 꿈의 이 상태는, 우리가 정말 어찌할 바를 모르면서도 별문제 없이 잘 지내는 척하는 데서 비롯된 결과다. 목표를 성취하려는 계획도 없이 어찌 진짜 소망과 목표가 있다고 할 수 있을까? 목표를 성취하기 위해 뭐든 하겠다는 결단 없이는 어떤 결실도 맺지 못할 것 같다. 심리학에서 이것을 마술적 사고(magical thinking 예측 불가능한 공포와 불안을 처리하기 위해 만들어낸 사고 체계 - 역주)라고 하는데, 어떤 실질적인 단계도 없이 언젠가는 꿈을 성취할 거라며 자신을 속이는 걸 말한다. 어떤 사람은 소망을 위해 명상하고, 또 스승을 찾아가고, 아니면 성당·절·교회로 간다. 어떤 이는 점치는 데 돈을 들이거나, 자신의 꿈을 제쳐놓고 영화나 드라마를 통해 대리만족한다.

이 모두가 단지 진실을 회피하는 방법일 뿐이며, 실천이 없는 기도는 기도가 아니라, 꿈에 불과하다. 자기가 자신을 돕지 않는데, 신인들 어찌 도울 수 있단 말인가? 신앙심이 깊은 어떤 사람에 관한 이야기를 들은 적이 있다. 그는 신이 자신을 보살피기 때문에 자신의 혼란스러운 삶은 잘 풀릴 거라고 친구에게 말하곤 했다. 그러던 어느 날 엄청난 폭우로 그가 사는 마을이 침수됐다. 모든 사람이 짐을 싸고 대피를 했으나, 그는 신이 보살펴줄 거라 믿고 움직이지 않았다. 그러다 물이 점차 그의 방에 차오르기 시작할 때, 한 구조대원이 소방차를 대고서 어서 나오라고 소리쳤지만, 그는 신이 보살펴줄 것이라고 말했다.

드디어 물은 허리까지 차올라왔고, 거리는 강이 되었다. 이번에는 해안 경비대 보트가 그의 집을 지나가다가 그를 발견하고는, 어서 헤엄쳐서 보트로 올라오라고 했지만 그는 여전히 신이 지켜줄 거라고만 대답했다. 계속 비가 억수같이 퍼부었고, 결국 그의 집은 완전히 물에 잠겨버리고 말았다. 그때 구조 헬리콥터가 마을을 돌다가 지붕 위에서 기도하고 있는 그를 발견하고 사다리를 내려주면서 구해주겠다고 외쳤지만, 그는 '신의 보살핌'이라는 자신의 신념을 고수했다. 마침내 그렇게 익사하고 나서, 천국의 문으로 들어간 그는 배신감을 느끼며 신에게 "신이시여, 저를 구해달라고 당신께 간절히 기도했습니다. 당신은 언제나 저를 보살펴준다고 말씀하셨는데, 당신의 도움이 가장 필요했던 순간, 저를 외면하셨습니다."라는 원망의 말을 늘어놓았다. 그러자 신이 "무슨 말이냐? 나는 너에게 구조대원도 보내고 보트, 헬리콥터도 보내주었다. 무엇을 더 바라느냐?"라고 대답했다.

신앙은 어떤 문제도 없고, 확언도 문제는 없다. 하지만 어느 지점에 이르면 당신은 다음 조치를 취해야 한다. 당신이 원하는 것을 손에 넣겠다고 결심하면 그것을 획득할 계획을 세워라. 그것이 당신을 기다리고는 있겠지만, 저절로 당신에게 굴러 들어갈 것 같지는 않다. 자신의 삶에서 뭔가를 바꾸는 데 진지한지를 알고 싶다면 실천 계획이 있는지 확인해보고, 만일 없다면 목표를 성취하겠다고 정말로 결심했는지 점검하라. 이때 실천 계획은 반드시 글로 써야 한다. 마음에만 있다면 그건 계획이라기보다 오히려 '희망 사항'일지 모르며, 마음에 담아둔 계획은 잊어버리거나 일상생활에 의해 옆으로 밀려나기 십상이기 때문이다. 실천 계획을 글로 써서 항상 곁에 두면 목표를 성취할 기회는 훨씬 높아지리라고 되새겨라.

계획 없는 희망은 결국 우리를 애타게 하고, 허망함을 느끼게 한다. 간디는 "누구든 나와 같은 노력·희망·신의를 기른다면 내가 한 일을 성취할 수 있다는 것을 조금도 의심하지 않지만, 신의가 행동으로 옮겨지지 않는다면 무슨 소용이 있겠는가?"라고 말했다. 내가 만난 사람들이 겪는 고통은 대부분 자신의 꿈을 성취하지 못한 결과다. 그들은 하루 종일 뒤틀린 관계와 제대로 된 직업이 없는 상황을 걱정할 뿐이다. 그들의 삶에서 이런 측면을 어떻게 바꿀지 계획을 세웠느냐고 물으면, 농담하느냐는 듯이 나를 쳐다본다. 그들은 자신이 마침내 잘 정착될 때 모든 소망을 손쉽게 구현하게 되리라고 믿는다. 하지만 이 믿음에 의문을 가져보라.

실천 계획을 세우기는 쉽지만, 전체 과정에서 계획을 실천할 시간을 내기는 어렵다. 우선 당신이 애써 성취하려던 목표 가운데서 가장 만만해 보이는 것을 하나 골라 일일 계획, 주간 계획, 월간 계획, 연간 계획, 이렇게 4부분으로 나누어 보라. 그다음 "목표를 충족하기 위해 매일 무엇을 할 수 있을까? 1주일, 1달, 1년 단위로 무엇을 할 수 있을까?"라고 자문하라. 바라는 결과를 성취하게 할 여러 가지 계획으로 달력을 만들라. 이렇게 계획을 완성한다면 당신은 참으로 꿈을 실현하는 길에 들어선 셈이다.

최근에 나는 사업이 왜 다음 단계로 나갈 수 없는지 나에게 알아내고 싶어 하는 닉과 그림자 작업을 했다. 그는 최고가 되려는 자신을 방해하는 무언가가 있다고 내게 늘 말했다. 한참 대화 후, 회사의 연간 매출이 얼마인지 내가 묻자 그는 6~7백만 달러 정도라고 말했다. 깜짝 놀란 나는 그렇게 큰돈에도 만족하지 못하는 이유가 뭔지 물었고, 닉의 대답은 매출이 1년에 4백만 달러만 더 는다면 지금처럼 그렇게 힘들게 일하지 않아도 되기 때문이라고 말했다. 내가 그 6~7백만 달러에서 얼마를 남기냐고 묻자 그는 직원 임금을 간신히 맞출 정도라고 말했다. 그 말에 문제는 아마 매출을 늘리는 것이 아니라, 간접비를 줄여서 6~7백만 달러에서 30% 수익을 올릴 수 있게 하는 것이 우선이라고 내가 제시했다. 하지만, 사업을 확장하는 유일한 방법이 매출을 늘리는 것이라고 이미 결심하고 있던 닉은 내 말을 그리 탐탁지 않게 여겼다.

    아이러니하게도 닉은 돈을 버는 방법을 상담해주는 비즈니스 컨설턴트였다. 많은 대화 후에 닉은 자신의 아버지가 약 20년 전에 자신이 돈을 버는 것보다 항상 더 많이 쓰기에 닉은 절대 돈을 벌지 못하리라고 했다는 이야기를 꺼냈다. 닉은 분명히 아버지를 믿었고, 아버지의 말을 존중하기로 무의식적으로 결심했었다. 하지만 이제 닉은 새로운 결심을 해야 했다. 성공하기 위해선 무슨 일이 있어도 들어오는 매출에서 30%의 수익을 내야 했다. 일단 그가 이런 결단을 하자마자 간접비를 줄여야 할 부분들이 눈에 띄기 시작했지만, 이런 것들을 실행에 옮기자니 다루기 어려운 사업상의 문제들에 직면해야 했다. 그는 언제나 어떤 지출도 점검하지 않았고, 사업이 아무리 힘들어도 절대로 직원의 임금을 조정한 적이 없는 대범한 사장이 되기를 좋아했다. 또 그는 거물로 놀기를 좋아했을 뿐 아니라 자신을 속여서, 이런 행동이 성공한 기업가를 의미한다고 믿게 했다.

    그래서 닉은 회사의 전체 임원 회의를 열어, 사업상 수익을 올리는 데 도움이 필요하다며 의견을 구했다. 즉 30% 수익을 내기 위해 어떻게 회사 비용을 절감할 수 있을지 요청했다. 처음으로 모든 사람에게 허심탄회한 의견을 내게 했다. 자신의 목표를 성취하는 기업가로 자신을 글자 그대로 재창조해야 했기 때문이다. 결국 그는 자신의 비효율적인 경영 기법과 회사의 지금 상황에 대해 책임져야 했다. 그것은 쉬운 과정이 아니었다. 그런 엄청난 고민 끝에 대단히 성공한 사업가가 되려는 그의 결심은 가슴이 아니라 머리에서 나왔다는 점을 깨달았다. 회사를 재편성하는 과정에서, 그는 사업을 시작하기 위해 몇 년 전 갔었던 중앙아메리카에 진짜 살고 싶지는 않은지, 정말로 한 달에 20일 정도를 세상을 여행하며 돌아다니고 싶지는 않은지 의문을 품기 시작했다. 일단 자신의 사업적 삶에 의문을 품기 시작하면서, 닉은 애초에 생각했던 것보다 훨씬 더 자신의 개인적 삶에 불만이 있었음을 깨닫게 되었다.

하지만 닉이 이제 자신이 만족하고 행복해지기 위해 장애를 극복하겠다고 결단했기 때문인지, 우주는 장벽을 부수는 여러 사건을 그의 삶에 일으켰다. 이런 사건들은 닉으로 하여금 이전의 결심은 가슴의 소망이 아님을 깨닫게 했다. 마음이 열려 이런 정보를 받아들일 자세가 된 닉은, 이제 자신의 영혼에 평화로 가득한 삶을 위한 새로운 길을 발견했다. 자신이 진정 원하는 것은 많은 직원이 있는 큰 기업이 아니라 아내와 가족이었음을 깨닫고서, 그렇게 하기 위해 그는 한 곳에 정착해야 했다. 닉은 영적으로 성장하고, 지속적인 우정을 쌓기로 굳은 결심을 했으며, 이제 이것들이 그의 개인적 성취에 필수적이다.

많은 사람처럼 닉 역시 가슴의 소망을 발견하기까지는 많은 아픔을 겪어내야 했다. 만일 당신이 삶의 한 영역을 바꾸겠다고 결심하고도 목적에 맞춰 살고 있지 않다면, 그보다 실행하고 있는 뿌리 결심이 무엇인지 살펴보라. 또한 일부 소망은 가슴이 아니라 머리에서 나올 수도 있다는 점을 기꺼이 인정해야 한다. 머리는 당신을 속여서 이미 자신에게 있는 것보다 더 좋고, 더 많고, 색다른 것을 원한다고 믿게 할 것이다. 이런 에고에 사로잡힌 욕망이 무엇인지를 들춰내서 가슴의 소망으로 대체해야 한다.

지성의 외침을 넘어서라. 닉처럼 많은 사람이 마음의 욕망을 채움으로써 자신의 공허함이 채워지리라고 생각한다. 하지만 당신의 깊은 울림에 따를 때에만 영구한 성취감을 느끼게 될 것이다. 무엇이 당신 삶에 만족과 평정을 가져다줄까? 당신은 이 삶에서 누구며, 이 지구에 무엇을 가져다줄 작정인가? 사람들은 대부분 자신의 영혼이 이 삶에서 무엇을 발현해내기를 갈망하는지 잠시나마 언뜻 볼뿐이다. 하지만 다수의 사람은 내면의 울림을 무시하고, 그밖에 사람들은 여전히 자기 특유의 선물을 발현할 기회를 기다리고 희망하며 기도하고 있다. 존재하는 유일한 순간이 지금임을 깨닫지 못한 채.

약속을 지키는 것은 계획의 실천에 꼭 필요하다. 자기 자신과 남에게 말한 약속이 정말 중요하다. 실례로 음식을 제대로 먹겠다고 말하면서 실천하지 않는다면, 우주에다가 자신을 신뢰하지 말라고 방송하고 있는 셈이다. 또 새로운 일자리를 구하겠다고 말하고서 실천하지 않는다면, 자신은 믿을 만한 사람이 못 된다는 메시지를 보내고 있는 것이다. 신용카드 결제대금 입금처럼 아무리 작은 일이라 할지라도 행하지 않으면 약속을 어긴다고 우주에 말하고 있는 것이다. 파기된 약속은 자신의 자존심을 떨어뜨린다.

몇 년 전, 나는 사흘 동안 '포럼'이라 부르는 개인 성장 세미나 프로그램에 참석했었는데, 그곳에서 나는 약속을 지키는 것의 가치를 터득했고, 결과적으로 내 삶은 완전히 바뀌었다. 그것은 아주 간단하다. 당신이 말한 대로 지키고, 지킬 자신이 없다면 약속하지 않으면 된다. 당신의 말 한마디를 가장 귀중한 자산이 되게 하고, 황금처럼 대하라. 그렇게 하면 그것이 당신에게 황금을 가져다줄 것이고, 당신이 세상에서 원하는 걸 할 수 있을 것이다. 하겠다고 말한 대로 실천할 때마다, 당신은 자신과 우주에게 자신이 믿을 만하다고 길들이고 있는 것이다. 그렇게 됨으로써 앞으로 당신이 더 많은 돈을 벌겠다든가, 연애하겠다든가, 책을 쓰겠다든가, 개업하겠다는 등 더욱 큰 목표를 세울 때, 해낼 수 있게 된다.

반면 우리가 끊임없이 거짓말을 한다면, 자기 자신도 믿기 힘들어진다. 결국 지키지 못한 새해의 결심도 그저 희망 사항일 뿐이다. 진지하게 다뤄지지 않는다면, 당신 말도 단지 소음일 뿐이다. 타인과 소통하는 것도 커다란 선물이지만, 당신의 말에는 훨씬 더 큰 선물이 들어있다. 말은 당신의 삶을 디자인하게 도와주고, 우리에게 힘과 자유를 줄 수 있기 때문이다. 그러니 당신이 자신이나 남을 위해 무언가 하기로 결심하고 그걸 끝까지 해낼 수 있음을 안다면, 당신에게 그런 힘이 있다. 또 삶에서 어떤 변화나 목표 성취를 원하고, 그걸 해낼 능력이 있음을 안다면, 당신에게 그럴 자유가 있다.

「영혼의 코드」The Soul's Code에서 제임스 힐만James Hillman은 "당신은 어떤 특성을 띠고 태어난다. 흔히 그것은 태어날 때 수호신이 주는 선물이다."라고 말했다. 당신 삶의 목적인, 태어나면서 당신에게 주어진 선물을 찾는 건 하나의 과정이다. 그것에는 시간이 들며, 당신의 진면목을 가리고 있는 막을 벗겨 내야 가능하다. 인간에게는 저마다 소명이 있고, 그 누구에게도 없는 무언가가 있다. 당신의 소명은 사람들을 치유하거나 가르치고 함양하는 것일 수도 있고, 암 치료법을 발견하는 것일 수도 있다. 아니면, 사람들과 상호작용하는 대상이 되거나 창조력을 표현하거나 아이를 기르는 것일 수도 있다. 당신의 목적이 무엇이든 자신의 소명을 찾아내고 성취하기로 결심한다면,

가슴이 벅차오르고 고양된 느낌이 생길 것이다.

    데이비드 시몬David Simon 박사는 이렇게 말했다.

도(道dharma 달마)의 개념이나 목적에 우주에는 불필요한 부분이 없다는 의미가 들어 있다. 사람은 저마다 독특한 관점과 재능을 조합해서 세상에 들어온다. 덕분에 전에는 발현된 적이 전혀 없는 타고난 지성의 한 측면을 펼칠 수 있다. 이런 자기만의 도에서 살 때, 우리는 자신의 선택으로 영향을 받는 자신과 다른 것에 봉사하게 된다. 우리가 삶으로 하고 있는 것 말고 달리 길이 없다고 여길 때 자신이 도道 안에 있다는 사실을 알게 된다. 우리가 타인을 위해 해줄 수 있는 커다란 봉사는 그들만의 도를 발견할 수 있도록 지원하는 것이다. 이것은 부모가 자녀에게 해줄 수 있는 가장 중요한 역할이다.

당신만의 도道나 목적을 지금 당장 모른다고 해서 당황하지 말고, 곧바로 이런 작업을 시작해서, 내면에서 들리는 대답을 신뢰하라. 당신의 내면 목소리가 이끌어줄 것이다. 하지만 사람들은 너무나 오랫동안 자신의 직관과 내면의 인도를 자주 무시해서, 자신을 가장 잘 도울 수 있는 부분을 침묵하게 했다. 어떤 일을 해야 한다는 것을 알면서도 계속 다른 일을 한다면, 당신은 자신의 영을 시들게 하고 실재를 부정하고 있는 것이다. 이것이 자신의 비전을 발견하기 어렵게 한다. 그래도 어느 시점에서 사람들은 대부분 자신의 소명을 흘끗 보지만, 무슨 이유인지 그것을 따르지 않는다. 우리가 소명을 알고서 소명대로 살 준비가 되었다고 여길 때는, 오히려 그것은 우리를 벗어난다. 당신의 고귀한 목적지로 애써 인도해온 자신의 측면에 귀를 기울여야 한다. 그 측면에게 당신을 최상으로 일깨우고 인도해 달라고 요청하고, 내면의 인도자에게 당신 삶의 목적과 그들의 의지를 보여 달라고 요청하라. 당신은 자신의 개인적 소명을 밝혀내고, 그곳에 당신이 살아 있을 어떤 이유가 있음을 잊지 말아야 한다.

내가 처음 마약을 끊었을 당시 나는 의류 판매업에 종사했다. 그런데 일에 몰두하면 할수록 삶으로 내가 해나갈 뭔가 새로운 것을 찾아내야 함을 더 느꼈다. 그게 뭔지 아주 당혹스러웠던 나는 매일 아침 알코올 중독 방지모임 책자에서 배운 기도를 했다.

> 신이시여, 저를 당신께 맡기니 당신이 뜻하는 대로 저를 고쳐서 써주십시오. 당신의 의지를 더 잘 실천할 수 있도록 자아의 굴레를 벗겨주십시오. 어려움을 극복함으로써 당신의 권능과 사랑, 생활 방식에서 내가 도울 사람들에게 증인이 될 수 있도록 제 어려움을 덜어주십시오. 나는 언제나 신의 의지대로 행하기를 바랍니다!

이렇게 매일 기도하면 어느 날 삶의 목적을 발견하게 되리라는 믿음이 있었다. 그래서 몇 달 후 나의 비전을 내다보았을 때, 나는 성령이 나에게 길을 제시했다는 사실을 알았다.

많은 사람이 도달하지 못할 거라는 두려움 때문에 자신의 소명을 부정한다. 어떤 점이 성취하기 힘든 미래처럼 보이는지 직시하기보다 자신의 선물을 알아보려 하지도 않는다. 하지만 자기 삶의 목적을 밝히는 것은 정말 얻으려고 애써야할 어떤 것이며, 타고난 권리다. 우리의 마음이 단지 제한을 설정할 뿐이다.

나는 당신이 자신의 '사명선언서'를 직접 썼으면 한다. 정말 당신에게 영감을 주는 단어를 5~10개 적고난 다음, 그 단어들을 이용하여 당신 영혼의 목적을 성취하도록 점검해서 당신을 인도하고, 지켜줄 선언서를 작성하라. 나는 랜드마크 에듀케이션의 '고급 과정'에서 이것을 처음 해보았다. 내 삶의 비전을 나눌 차례가 되었을 때 나는 아무 생각이 없었지만, 그다음 생각 없이 입에서 "나는 모든 사람이 무無에서 자신을 창안해내게 할 수 있다."라는 말을 내뱉었다. 처음엔 내가 의도했던 바를 몰랐지만, 조금 숙고한 다음, 누구나 각자 가슴의 소망이 무엇이든 성취할 수 있다고 내가 정말 믿고 있음을 깨달았다. 또한 나는 당신이 어디에 있었든지 뭘 겪었든지 몇 번이고 자신을 재창조할 수 있고, 낡은 패턴이나 행동에 얽매이지 않아도 된다고 믿는다. 당신은 자신의 독특한 모습을 발현할 자리를 잡을 때까지 필요하다면 몇 번이고 친구나 직업을 바꿔도 된다.

나는 이 사명선언서를 통해 할 일을 매일 상기한다. 그것은 나에게 항상 최선을 다하도록 요청했고, 내가 바랄 때마다 얼마든지 새로운 자아를 재창조하고 발현할 수 있게 나를 열어 주었다. 당신에게 개인적인 의미를 주는 선언서를 마련하라. 그 선언서를 타인이 이해하거나 심지어 알 필요도 없다. 단, 당신이 지금 어디로 향하고 있는지 자신을 상기시키고, 현재 순간을 지키기 위해 선언서를 사용하라.

간디는 "세상의 유일한 악은 우리 가슴에서 날뛰고 있는 놈들이다.

전투를 벌여야 할 곳은 바로 그곳이다."라고 말했다. 그림자 작업도 우리의 가슴을 열고 내면의 악과 화해하고, 우리의 두려움과 나약함을 받아들이며, 자신의 인간성에서 자비심을 찾아내는 것에 관한 것이다. 자신에게 가슴의 선물을 주어라. 자기 자신에게 가슴을 열면 곧 타인들에게도 가슴을 열게 될 것이다.

　당신은 사랑스럽고, 소중하며, 충분하다. 자신의 내면 지혜를 신뢰하고, 당신의 핵심에 신성이 있음을 신뢰하라. 자발적 제한을 초월하여 당신이 사랑하는 삶을 살기로 결단하라. 우주에게 사랑과 지원을 요청하라. 신에게 자비와 힘으로 충만해지도록 요청하라. 이 순간 자신이 어디에 있는지 직시하고, 더 고귀한 곳을 추구하라. 자신에게 그 모두가 있도록 허용해라. 당신은 그럴만한 자격이 있다!

❂ 실습

1. 이 실습에서는 당신을 위해 강력한 선언의 형식으로 사명선언서를 작성하려 합니다. 이런 선언은 앞으로 당신이 어떤 존재가 되고 싶은지 확언이 되어야 합니다. 당신은 건강과 인간관계, 일, 영적 성장 등에 초점을 맞출 수 있습니다.

　눈을 감고 내면의 엘리베이터를 탑니다. 천천히 깊게 심호흡을 몇 번 하고, 긴장을 완전히 풉니다. 눈을 뜨자 당신의 신성한 정원이 펼쳐집니다. 천천히 걸어서 당신의 명상자리에 앉아, 내면이 조용해지면 강하고 생생하며 활기찬 신성한 자기의 이미지를 불러냅니다. 신성한 자기가 나타나면 당신의 꿈을 실현하는 데 필요한 힘과 용기를 줄 메시지를 부탁합니다. 하지만 문제가 생기거나 메시지를 들을 수 없다면, 당신을 힘있게 할 메시지를 만들어냅니다. 당신을 강하게 느끼도록 만들어주는 단어들이 자신의 인식에게로 다가오게 하십시오. 끝났으면 신성한 자기에게 도와줘서 고맙다는 인사를 하고 눈을 뜨고, 메모장에 당신이 경험한 모든 것을 적습니다. 이 선언은 당신 삶의 모든 영역에서 한 단계 성장시키기 위해 당신을 힘있게 할 것입니다. 이 선언은 가능한 한 짧고 간단하게 쓰는 것이 좋습니다. 바라건대, 매일 자신의 삶을 위한 가장 고귀한 비전을 상기하려는 방법으로 사용했으면 합니다.

당신은 자신이 반복해서 되뇐다면 자신을 밝혀주고 격려해주는 그런 선언문을 쓰고 싶을 겁니다. 이런 선언문은 매일의 삶에서 당신을 힘있게 합니다. 하지만 그것은 아주 간단한 문장일 수도 있습니다. 여기에 몇 가지 실례가 있습니다.

- 나는 사랑과 정직, 풍요를 누릴 자격이 있는 영적 존재다.
- 우주는 언제나 나의 욕구를 채워주는 친구이자 연인이다.
- 나는 어느 곳에서든 아름다움과 진실, 가능성을 알아본다.
- 나는 지혜롭고 전지하며, 우주가 나의 소망을 충족시켜준다.
- 나는 모든 소망을 구현할 수 있다.

새로운 습관에 익숙해지기까지는 시간이 걸리므로, 무슨 일이 있든지 앞으로 28일 동안은 꾸준히 이 선언을 반복하겠다고 결심하십시오. 아침에 잠자리에서 일어나기 전 눈을 뜨자마자 해도 좋고, 그게 어려우면 밤에 잠자리에 들기 직전도 좋습니다. 자신의 각오를 되새기면서 하루를 시작하고 또 끝마친다는 것은 멋진 일입니다. 포스트잇에 이 문장을 써서 집안 구석구석과 사무실, 차 안에 붙여두는 것도 좋은 방법입니다. 당신이 그 문장을 더 많이 인식할수록, 이 선언은 더욱 의미가 깊어지게 될 것입니다. 그것이 의식 깊은 곳에 스며들 때까지 보이게 하고 접근하기 쉽게 합니다.

2. 당신의 미래를 창조하는 다른 괜찮은 방법이 있는데, 오려붙이는 기법을 이용하여 당신의 꿈을 시각화하는 방법으로, '보물지도 만들기'라고도 부릅니다. 포스터 크기의 하드보드와 선호하는 잡지 몇 권, 가위와 풀이 필요하고, 지인들과 함께하면 더욱 좋습니다.

보물 지도 작업

눈을 감고 아까 탔던 엘리베이터로 돌아가 일곱 층을 내려갑니다. 엘리베이터에서 내리면 아름다운 정원이 펼쳐지고, 정원을 걸으며 나무와 꽃을 바라보며, 푸른 잎과 활짝 핀 꽃의 향기에 취해봅니다. 정말 아름다운 날이고, 새들이 노래를 부르고 있습니다. 하늘을 올려다보면 공기는 어떻습니까? 너무 춥거나 덥지는 않습니까? 뺨을 스치는 산들바람이 느껴집니까? 이 정원의 아름다움과 향기를 온몸으로 들이마시고, 이제는 당신의 명상자리로 가서 편히 앉아 긴장을 풀고, 지금부터 1년 후에 자신의 모습을 한번 그려봅니다. 늘 원했던 모든 것이 당신에게 있으며, 모든 꿈이 실현되었습니다. 당신은 아주 평화롭고 만족스러우며, 자신과 우주를 신뢰하고, 미래에 대한 자신감이 넘칩니다. 당신 삶은 무엇처럼 보이나요? 잠시 상상을 해 봅니다.

대인 관계와 건강은 어떻습니까? 어떤 취미를 즐기고, 가족들은 어떻게 지내며, 경제 사정은 어떻습니까? 영적 성장을 위해 무엇을 하고 있습니까? 그다음은 5년 후입니다. 대인 관계와 건강은 어떻습니까? 어떤 취미를 즐기고, 가족들은 어떻게 지내며, 경제 사정은 어떻습니까? 영적 성장을 위해 무엇을 하고 있습니까?...

이런 시각화 작업을 끝낸 다음, 준비해 놓은 잡지에서 마음에 드는 그림을 잘라냅니다. 이 과정에서는 아무 생각하지 말고 가능한 한 빨리 잡지를 훑어보고, 10~15분 동안 당신에게 긍정적인 에너지를 주는 그림을 오려 하드보드에 붙입니다. 시간을 재서 만일 그 이상 시간이 걸리면 조금 전에 한 작품을 고치고 싶어질 것입니다. 꼭 첫 충동을 따르십시오. 재료가 준비되면 계속합니다.

다 완성했으면 잘 보이는 곳에 걸어두십시오. 당신 가슴의 소망을 상기하기 위해 이미지를 사용하십시오.

3. 이제 당신의 현재 생활과 시각화 작업에서 본 것을 비교해봅니다. 종이 한 장을 꺼내어 이 작업에서 당신이 본 미래와 일치하지 않는 현실적 요소를 모두 적고, 그다음 자신이 상상하는 미래를 창조하려고 행하고 있는 것을 적습니다. 당신의 미래를 창조하기 위해 필요한 조치를 취하고 있지 않다면, 진실에 입각해 실행 계획을 짜는 것으로 자신이 그렸던 미래의 모습을 바꿀 수 있습니다. 무엇보다 자신에게 진실을 말하는 것이 여기서 가장 중요합니다. 또 당신 삶에서 자신이 소망하는 미래와 어긋나는 부분들을 주목해야 하며, 그것들을 당신 삶에서 없앨 계획을 당장 짤 수 있습니다.

끝맺으며

　다시 한 번 이런 것이 정말 가치가 있는지, 또 전체성을 회복해서 절망에서 깨달음으로 사고를 도약하는 데 드는 시간과 에너지의 가치도 적절한지 숙고해보자. 우리 의식의 표면 아래에 있는 것은 단지 처리되지 않은 생각과 감정들일 뿐임을 깨닫는다면, 당신의 고통은 치유될 수 있다. 그동안 보이지 않게 억눌러온 자신의 모든 부분을 허용하면, 당신은 숨통이 트이게 되어 다시 안도의 숨을 쉴 수 있다. 당신의 취약 부분과 인간적인 모습을 숨기는 가면을 벗어버릴 때 진정한 자기와 마주하게 될 것이다.

　나는 당신이 가장 깊은 수준에서 자기 모습은 '충분하다'는 점을 깨닫게 하려고 오랫동안 심도 있는 과정으로 이끌어 왔다. 우리는 모든 인간이 동등하게 창조되고, 모든 것이 완벽하게 균형을 잡고 있다는 홀로그램 우주의 세계를 살펴보았다. 우주는 아무 편견 없이 우리가 부인하는 모든 측면을 투사해서 비춰주는 놀라운 세계임을 알았다. 우리가 가장 혐오하는 성질이 모두 우리에게 있다는 사실뿐만 아니라, 이 부정적인 특성에 긍정적인 선물이 있다는 것도 배웠다. 바로 이 선물은 우리의 가슴이 가기를 갈망하는 자비로운 곳으로 우리를 이끈다. 그리고 우리가 가장 두려워하고 미워하는 측면을 인정하고 받아들임으로써 다시 균형을 잡을 수 있게 된다. 디팍 쵸프라가 "판단하지 않으면 마음을 침묵시킨다."라고 언급한 것처럼 고요한 마음은 영에게서 유익한 말을 명확히 듣게 해준다.

우리는 자신의 성을 깨끗이 정리할 기회가 왔다. 방마다 문을 열고 들어가, 아름답고 화려한 방의 모습이 다시 나타날 때까지 먼지를 청소하라. 또 방마다 밝게 빛나려면 다른 것이 필요하다는 것을 알 수 있다. 어떤 방은 사랑과 수용이 필요하고, 또 어떤 방은 고칠 필요가 있으며, 신경만 좀 쓰면 될 방도 있다. 각각의 방이 필요한 것들이 무엇이든 우리는 그것을 해줄 수 있다. 그것은 그리 어려운 일이 아니다. 진정 자신에게 있는 모든 능력을 발휘하며 살고 싶다면, 자신의 모든 특성을 동등하게 인정하고 존중해야 한다. 그릇된 인식의 거품에서 벗어나, 새로워진 명료함의 흐름에 들어서야 한다. 개인으로서 우리는 인간의 모든 속성을 수용하기 위해 내면의 의식을 확장해야 한다. 만약 자신을 작은 집으로 여기고 있다면, 성 전체를 품는 데 필요한 내면의 공간을 마련해야 한다.

당신은 정말로 내면의 평화를 원하는가? 만일 그렇다면 평화는 당신의 것이다. 내맡겨라.Surrender 싸움·변명·위장·부정·자기기만을 멈추라. 당신을 둘러싸고 있는 자기변명과 벽을 인정하라. 완벽해지려고 애쓰지 마라. 우리가 완벽해지려는 욕망 때문에 이런 벽을 쌓게 된다. 전체성을 얻고자 노력하고 어둠과 빛이 동등하게 존재하도록 하라. 만사 만물에 밝은 면과 어두운 면이 있듯이 인간도 마찬가지다. 인간이 되려면 전부가 돼야 하기 때문이다.

싯다 요가 재단의 지도자인 마이Mayi에게서 이런 이야기를 들었다. 어떤 왕이 시종을 불러서, 세상에서 가장 나쁜 것을 찾아오라고 명령했다. 곧바로 궁을 떠난 시종은 며칠 후 빈손으로 돌아왔다. 왕이 이상하게 생각하며 "무엇을 가져왔느냐? 아무것도 보이지 않는구나."라고 묻자, 시종은 "폐하, 여기 있습니다."라고 대답하며 자신의 혀를 내밀고 나서 영문을 몰라 어리둥절해하는 왕에게 설명하기 시작했다. "제 혀가 이 세상에서 가장 나쁜 것입니다. 냉혹한 짓을 많이 했거든요. 사악한 말과 거짓말도 합니다. 나는 나를 고달프게 하고 병이 걸리게도 하는 혀로 지나치게 탐닉할 수도 있고, 남에게 상처를 주는 말도 할 수 있습니다. 세상에 이것보다 더 나쁜 것이 어디 있겠습니까?" 그의 말에 만족한 왕이 이번에는 세상에서 가장 좋은 것을 찾아오라고 하면서 또다시 시종을 보냈다.

서둘러 떠난 시종은 며칠 후, 이번에도 빈손으로 돌아왔다. 무엇을 가져왔느냐고 고함치는 왕에게 시종은 또다시 혀를 내밀어 설명했다. "제 혀가 세상에서 가장 좋은 것입니다. 사랑의 메신저인 혀로만 아름다운 시를 읊을 수 있습니다. 또 고상한 맛을 가르쳐주고, 몸에 도움되는 좋은 음식을 고르도록 인도합니다. 무엇보다 신을 찬미할 수 있기 때문입니다." 그의 말에 흡족해한 왕은 크게 기뻐하며 시종을 자신의 으뜸 조언자로 삼았다.

우리는 모두 흑백논리로 사물을 보는 경향이 있다. 하지만 모든 것에는 장점과 단점이 있고, 밝은 면과 어두운 면이 공존한다. 이것을 어딘가에서 부정한다면 모든 곳에서 그것을 부정하는 것이다. 우리는 신이 아닌 것은 아무것도 볼 수 없으며, 양면성을 자기 자신에서 볼 수 있을 때, 타인에서도 똑같이 볼 수 있게 된다.

우리가 가장 간절히 바라는 것은 사랑·평화·조화다. 또 길지 않은 이 소중한 인생길에서 자기 고유의 선물을 발현하는 것이 바로 우리의 임무다. 자신의 개성을 발현하는 것이 자신의 신성을 되찾는 것이다. 가장 소중한 것은 놓치기 쉬운 법이다. 그러므로 사랑·용서·자비·은혜를 숨기거나 억누르지 마라. 그림자를 포함한 자기 자신, 즉 완전한 자기 존재와의 관계가 가장 중요하다. 모든 유익한 관계는 지속적이다. 우리는 지속적으로 성장하고, 우리를 방해하는 장애를 극복해나갈 필요가 있다. 유익한 관계는 우리가 생각하는 것보다 더 뛰어난 존재가 될 수 있도록 자극해서, 우리의 온 힘을 다하고 가슴을 확장하도록 끌어낸다. 우리는 자신의 그림자와 가까워져야 한다. 이것은 자신의 소중하고 신성한 부분이기 때문이다. 자신을 살펴보고 사랑하는 과정과 가슴을 여는 과정에 충실하기로 결단하기만 하면 된다. 당신의 신성에 감사하면, 삶의 선물에도 감사하게 될 것이다. 이런 상태에서 사람이 되는 경이롭고 신비한 체험에 흠뻑 빠져들기 시작할 것이다.

캘리포니아 라 호야에서 데비 포드

옮긴이 후기

원래 이 책은, 닐이 「신과 나눈 우정」 433쪽에서 "빛을 구하지만 자기 '어둠'을 다루는 법은 몰라서 바로 그 자리에 있는 선물을 보지 못하는 사람들 이야기입니다. 저는 그 책을 누구에게나 추천합니다. 그 책을 읽으면 삶을 바꿀 수 있습니다."라고 언급해서 알게 된 서적입니다. 이 책은 미국에서는 엄청난 반향을 일으켰고, 번역된 서적을 읽으면서 유익한 내용이 들어있다는 것을 직감하였지만, 국내에서는 흐지부지 절판되어서 안타까워하던 차, 번역을 수정하기 시작한 작업이 새로 번역을 해서 정식 출판까지 하게 되었습니다. 이전에는 작가인 데비 포드에게 의구심도 있었지만, 실제 '그림자 작업'을 하면서 체험한 내용에 기반을 둔 치밀함을 확인하며 놀라움의 연속이었습니다.

인간을 '몸'의 관점에서 본 프로이드와 '영혼'의 관점에서 바라본 칼 융이라는 양대 산맥 사이에 모든 심리학이 있습니다. 융의 '그림자 작업'은 자신을 영혼으로 인식할 기회를 제공하며, 우리가 출판했던 「영혼수업」의 맹점盲點 마스터와 같은 맥락입니다. 이 책은 신나이의 '나아닌 나非我', 불교의 '무아無我 공아空我 진아眞我', 성서의 '네 눈의 티 내 눈의 들보' '황금률', 유학의 '충서의 도忠恕之道', 동학의 '각지불이各知不移', 도가의 '연금술'에 관한 실용적 정보를 제시합니다.

이 책의 원래 제목이 '빛을 쫓는 사람들의 어두운 면'입니다. 즉, 더 밝아지고, 선해지고, 우월해지려는 존재들의 '그림자'를 말합니다. 특히나 영적인 길을 걷는 분들이 보편적으로 누구에게나 다 적용되는 정답은 없음에도 불구하고(진리는 있지만), 오직 각자의 존재됨됨이에 따른 고유한 개별적인 체험만이 있을 뿐인데, 외부로 답을 찾으러 다니는 모습을 봅니다. 특히 특정 스승이나 단체의 기법을 통해 깨달을지도 모른다는 기대를 '밝은 그림자'라고 합니다. 각자의 내면에 각자만의 정답이 있음을 이론으로는 알지만, 어떤 식으로 해야 할지 몰라서 답답해하다가 외부의 대상을 쫓아다니지만, 결국 실망스러운 결과를 초래하는 바로 그런 현상입니다. 깨달음을 찾아 여기저기 기웃거리고, 자신의 우월성을 인가받아서 혹 한 소식하면 주위에 해결하지 못하는 여러 문제가 한방에 해결되리라는 기대를 품기보다, 시간을 견디어 삶을 마스터해가는 구체적인 방법이 여기에 제시되어 있습니다.

현재 국가를 이끌고 있는 중심 두뇌(정치 집단들)에게 실력이 없으니 덕택에 많은 수족(국민들)이 고생하고 있긴 하지만, 많은 교훈이 되고 있는 것도 사실입니다. 그런 자신의(의식이 진보했다고 여겨) 물질 욕망을 대변하는 보수주의자를 미워한다면 그들이 바로 자신의 그림자인 셈이지요. 현 정권의 행태에서 자신의 모습을 볼 수 없다면, 아마 더 지독한 골통 정권이 기다리고 있을 것입니다. 자신이 속한 가정이나 소 공동체에서 자신도 그들과 유사한 맥락의 행태를 저지르고 있음을 직시해야 한다는 것입니다.(다수 부모가 자녀들에게 그런 식으로 대합니다.)

우리가 미워하는 북한과 일본은 '어두운 그림자', 부러워하는 미국은 '밝은 그림자'입니다. 3D업종에 종사하는 조선족이나 동남아인들 중국산에 대한 태도는 얼마 전 미국이나 유럽 일본에서 대접받던 우리의 모습입니다. 일본의 역사 왜곡은 못마땅해 하면서 고구려보다 신라를 내세우는 우리의 역사 왜곡에는 침묵하고, 일제의 만행은 규탄하지만 베트남에서 벌어졌던 따이한의 행위는 미화하고, 항일 투쟁은 독립운동이라고 하면서 팔레스타인의 저항은 테러로 여깁니다. 개인관계에서처럼 국제관계도 한 국가의 주류 국민의 내면 성찰이 없으면,(극복되지 않은) 역사는 반복될 것입니다. 한때 중국을 사대事大하던 우리는, 지금 약소국을 사소事小하고 미국을 제대로 사대하지 않으면 강국으로 떠오르는 중국을 섬기는 역사가 반복될지도 모릅니다.

우리 신업공동체는 「신과 나눈 이야기」를 통해 보편적 영성을 함양하고, 「영혼 수업」(영성심리학)을 통해 각자 개별 영혼의 목적을 알아내며, 「그림자 그리고」를 통해 그림자 통합작업을 할 수 있는 기회를, 자기 존재의 정체성(자신이 진정 누구인지)을 알려는 '내면 탐구'란 힘든 길을 함께하겠다고 동의하시는 분들과 나눌 수 있습니다. 신나이에 언급되듯이 삶은 발견하는 과정이 아니라 창조하는 과정이기에, 명리학에서 운명을 제대로 보려면 두 달은 함께 생활해야 했듯이 자신의 소명을 알아내서 자신의 길을 정하는 것도 어느 정도의 시간과 정성이 있어야 합니다. 우리는 완벽해지는 것이 아니라 이 책에서 제시하는 그림자 통합 과정을 통해 상호 완전해질 수 있는 마스터할 기회를 갖자는 것입니다.

묵자·노자·논어·맹자가 중국에서, 불경이 인도에서, 성서가 로마에서 시작되었듯 이 서적은 미국에서 나온 서적입니다. 어쨌든 미국이 세계의 중심인 것은 우연이 아님을 실감합니다. 아울러 우리도 원효나 다산처럼 외부의 것을 잘 소화해 새로운 것으로 재창조해서 세계 영성의 중심이 되기를 소망합니다.

2010년 11월 22일 신업공동체